JOSETTE MILGRAM

*A Geneviève, belle Fête des Mères,*
*Mamie Nicole.*
*Mai 2012*

# MASSAGE
## *PAR*

# marie claire

Photographies
GUILLAUME REYNAUD

Éditions **marie claire**/▮▮

## *Avertissement*

Les informations données dans ce livre n'ont pas vocation à remplacer l'avis médical. N'hésitez pas à consulter un médecin et à lui indiquer les exercices et massages que vous avez choisi de pratiquer.

L'auteur et l'éditeur ne sauraient être tenus pour responsables des accidents qui pourraient survenir à la suite de l'exécution des massages présentés dans ce livre ou des éventuelles allergies aux composants des huiles essentielles.

En couverture : Louise et les mains de Sylvie Jouault (Spark d'Enghien-les-Bains)

# massage

masaje
按摩
*massage*
マッサージ
*массаж*
안마
μασάζ

# Sommaire

## 1. Le massage... et moi
### UN ART MANUEL

**10** À quelles mains me fier ?
**12** C'est bon pour ma santé
**14** C'est bon pour ma peau…
**16** … et pour ma silhouette !

## 2. Le massage... et nous
### LE COURANT PASSE

**20** Le toucher, notre sens premier
**22** Faire passer les bons massages
**24** À l'écoute : le dos sans fausse note
**26** Face à face un doigt de douceur
**28** En tête des anti-stress

## 3. Kiné
### THÉRAPEUTE ATTITUDE

**32** Le massage suédois : fermer les yeux pour mieux "voir"
**34** L'effleurage : contact !
**36** Pétrissage : très sage
**38** Pressions : l'art de la glisse
**40** Pressions glissées : ô pied !
**42** Vibration à sensation !
**44** Friction et ponçage : les points forts
**46** Trois techniques percutantes
**48** Au centre de tout : le ventre
**50** Supérieurement détendue
**52** Le drainage lymphatique manuel : il continue à drainer les foules
**54** Rolfing® : le "Rolfer" est un sculpteur
**56** Un changement intérieur profond
**58** Biokinergie® : la spirale du mieux-être
**60** Approche globale : la complémentarité
**62** Approche articulaire : soulager !
**64** Approche musculaire : détendre !
**66** Approche organique : alléger !
**68** Approche énergétique : rééquilibrer !

## 4. Ayurvédique
### L'INDE VÉRIDIQUE

**72** Tous les massages du monde s'inspirent de l'Ayurvéda
**74** Kansu le bol magique
**76** Le Mandala du ventre
**78** Un quatre mains d'exception
**80** Aux plus belles extrémités
**82** Exquis pochons de riz au lait
**84** Automassage : transfigurer le quotidien

## 5. Japon
### LE ZEN DANS LES GÈNES

**88** Shiatsu : tout se transmet dans le lâcher-prise
**90** Absolue détente
**92** Antidote au stress
**94** La clé de la sérénité
**96** La confiance en conscience
**98** Anma : Le shiatsu assis Il fait le siège des entreprises
**100** 15 minutes d'évasion : détachez vos ceintures

# 6. Thaï, Corée, Chine
## L'ASIE ÉTHIQUE

**104** **Thaï : le Nuad Borarn de Chiang Maï,**
**du grand thaï**
**106** Souplesse et détente
Haut les jambes
**108** La beauté à bras le corps
**110** Détente et beauté
Le visage de la sérénité
**112** Souplesse et jeunesse
Flexions arrière toute !
**116** Une bonne assise
**118** Automassage à ma thaï
**Corée**
**120** Relaxation coréenne : la (bonne) vibration
**122** Mouvement de fond
**Chine**
**124** **Tui na : symphonie en dos majeur !**
**126** Le feu et la grâce

# 7. Réflexologie
## JOUER LA CARTE DU PIED

**130** **Des pieds bien massés, c'est une vie réussie**
**132** Anti-stress
**134** À la carte
**136** Le voyage de la mémoire
**138** Anti-fatigue
Le point sur le dos
**140** Reprendre pied… quand les émotions
sont à fleur de peau !
**142** Anti-âge
Cure de jeunesse
La beauté en face…
**144** … et les hormones en phase
**146** Mincir
Fondre… en douceur

# 8. Orient si proche
## ESPRIT HAMMAM

**150** **Rêverie à la marocaine :**
**s'abandonner en douceurs**
**152** Côté pile : on respire le bonheur
**154** Jambes poids plume
**156** Côté face : répétition générale
**158** Côté visage : la touche finale

# 9. Hawaii et Californie
## ESPRIT SPA

**162** **Hawaii**
Lomilomi, une grande vague de bien-être
**164** Aloha : l'énergie heureuse
**166** **Californien**
La politique du lisse and love
**168** Le best-seller des relaxants
**170** **Modelage aux pierres chaudes**
Galets délice royal

# 10. Belle & bien
## VISA VISAGE

**174** **Kinéplastie : sur mesure…**
**et sans couture**
**176** Antirides de haut niveau
**178** Antirelâche : la fibre en éveil
**180** Détente expresse
**182** Automassage effet miroir
**184** **Stimulation lymphatique**
"L'harmonie l'art à fleur de peau"
**188** **Aromathérapie**
Les huiles, essentielles par nature

**192** **Adresses, crédits, mercis**

# Sous les doigts, le bonheur à fleur de peau…

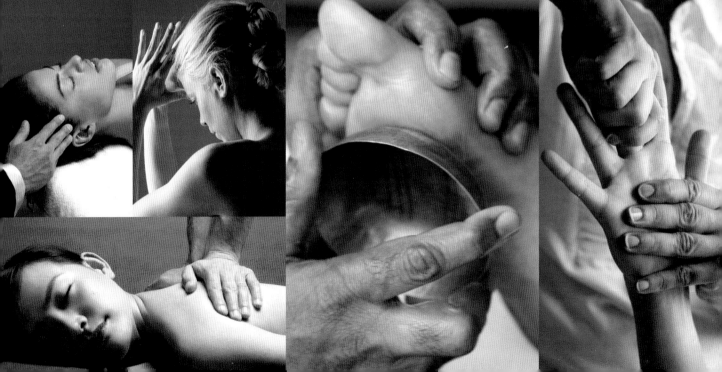

# 1

# Le massage et moi !

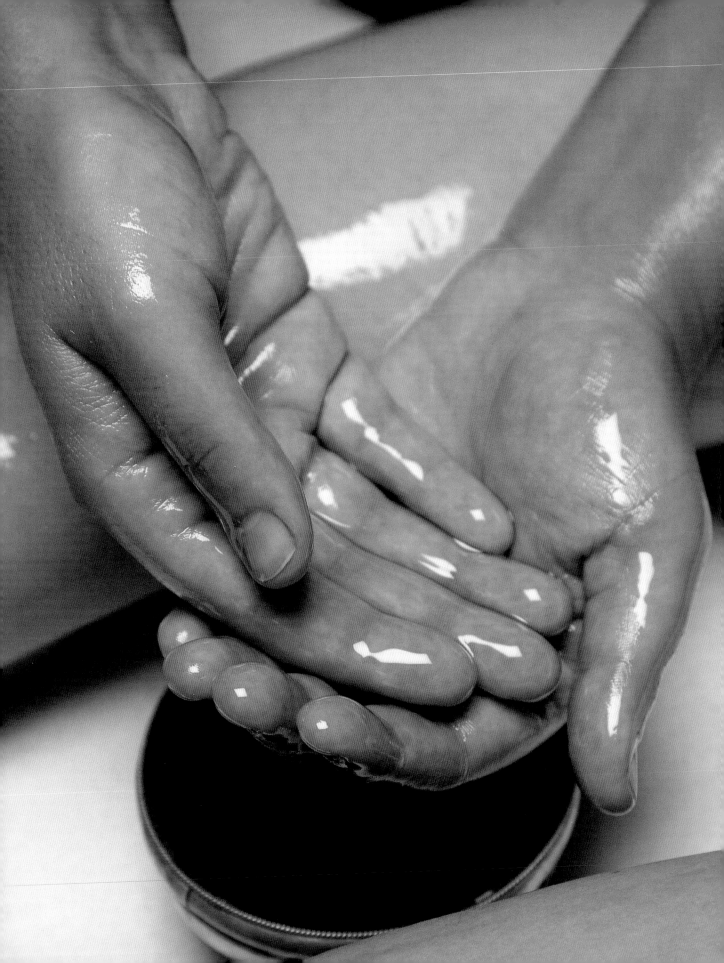

# À quelles mains
## me fier ?

*Geste de soulagement universel, il participe au maintien de la santé dans sa définition de bien-être total, physique et mental. Pour Éric Brénac, masseur-kinésithérapeute, le massage est clair : c'est avoir "une main qui pense, qui voit et qui réfléchit".*

Perçu différemment selon les pays, les traditions, les cultures ou les civilisations, c'est LE geste de soulagement universel : lorsque l'on se cogne, le réflexe immédiat et nécessaire est de se masser pour atténuer la douleur ! Le massage peut être à visée thérapeutique sur les articulations ou les ligaments, dans le but de soulager, mais aussi de manière plus profonde, plus appuyée, il peut réparer muscles contractés et séquelles cicatricielles, en décollant les adhérences, en résorbant les fibroses, en réparant les brides et en assouplissant les cicatrices, y compris dans le cas des brûlures. **La définition du massage est inhérente à chaque masseur :** comme en peinture, les techniques de base sont apprises à l'école, mais le kiné va acquérir, au fil de son expérience, un certain style et préférera telle ou telle technique en fonction de son évolution ou du type de patient qu'il rencontre. L'expérience permet de s'adapter à chaque cas. Il est important de bien distinguer les massages relaxants de ceux dont la visée est thérapeutique. En kinésithérapie, le massage n'est pas systématique. Il dépend des affections que l'on traite. Le massage n'est pas non plus limité à une zone mais plutôt à une région. Un problème d'épaule sera traité par un massage de l'épaule, du cou et du dos. **Le thérapeute ne traite pas une région localisée, il traite un individu.**

**Définition officielle :**
"Toute manœuvre externe, réalisée sur les tissus, dans un but thérapeutique ou non, de façon manuelle ou par l'intermédiaire d'appareils autres que les appareils d'électrothérapie, avec ou sans l'aide de produits, qui comporte une mobilisation ou une stimulation méthodique, mécanique ou réflexe de ces tissus."

**KINÉ QUA NON !**
On ne joue pas sur les maux !
• à visée thérapeutique, le MASSAGE est une pratique paramédicale réservée en France aux kinésithérapeutes.
• à visée de détente, pour rééquilibrer, revitaliser, détoxifier, libérer les énergies... pour toutes les techniques occidentales ou orientales, on parle de MODELAGE.

# C'est bon
## pour ma santé

*Le massage thérapeutique sur ordonnance?*
*Les explications du Dr Jacques Rodineau,*
*spécialiste en médecine physique et de réadaptation.*

**RÉÉDUCATION: IL Y A PRESCRIPTION!** Microtraumatique (le tendon) ou traumatique (le ligament), le massage ne doit pas être pratiqué en phase aigue, mais après un certain temps, afin de calmer la douleur: il aura une fonction de remise en route du côté mécanique. Mais le **CONTRÔLE DES DOULEURS**, par des médicaments anti-inflammatoires ou la physiothérapie, était devenu, depuis une quinzaine d'années, le souci principal de la médecine occidentale et laissait de côté l'autre aspect important du traitement, la **RESTAURATION DU TISSU ABÎMÉ**, qui fait appel à des méthodes telles que le MTP ou les étirements. Les travaux importants qui ont débuté en 1985 ont révolutionné les données thérapeutiques en traumatologie et en rhumatologie depuis les années 2000. Cartilage, ligament et tendon ont la même origine, proviennent du même tissu! La transition n'a pas été immédiatement acceptée, le non pharmacologique était, au départ, un peu méprisé. Le repos était de rigueur et le recours au plâtre systématique pour les entorses – une aberration! Le massage lève tensions et contractures, et sait aussi décoller des cicatrices. D'autres techniques peuvent apporter un bienfait thérapeutique. Le massage du ventre peut avoir un effet bénéfique sur la constipation. On opère aussi des massages sur les bronchiolites, pratique qui s'apparente davantage à de la technique respiratoire. Elle est utilisée en particulier sur les nouveau-nés, afin de les aider à respirer.

## L'AVIS DE L'EXPERT

Sur une feuille de soins, l'expression consacrée est celle de "massage de confort". Il est pratiqué, à l'appréciation du kiné, dans le but de préparer le patient à sa rééducation ou de le soulager temporairement. Cependant, il existe des techniques très précises qui font exception, comme le massage transverse profond (MTP) et les massages de drainage. Le médecin devient alors prescripteur essentiellement dans les cas qui suivent un traumatisme. La traumatologie est la science qui traite "les pathologies micro traumatiques d'origine tendineuse", comme la lésion anatomique ou inflammation du tendon, appelée communément "tendinite".

# C'est bon pour ma peau...

*Ce qu'il y a de plus profond chez l'homme,*
*c'est la peau ! On le sait depuis Paul Valéry.*
*Selon le Dr Philippe Blanchemaison, angiologue,*
*la science le confirme sans équivoque...*

**UNE GRANDE PREMIÈRE POUR LES MÉDECINS :** la "mécanotransduction" donne la preuve que le fait d'**exercer une action purement mécanique a un effet réel sur les cellules** ! Certaines cellules de la peau et du tissu sous-cutané sont en effet clairement sensibles à un étirement ou une pression – qui va modifier leur fonctionnement biologique. On sait désormais qu'une action mécanique est capable de transmettre une information à la cellule par d'autres voies que ses récepteurs biologiques habituels – hormones et autres neuropeptides.

**DONC, LE MASSAGE... ÇA MARCHE !**

Ce mécanisme a été démontré sur les cellules de la peau, au niveau du derme, dès 2004 : étirer les fibroblastes dans le sens de la longueur les incite à produire davantage de collagène ! Une cellule, rendue paresseuse à cause de l'âge ou du stress, ou du tabac, va se remettre en route. Et ceci, sans aucune agression, par le simple fait d'opérer des stimulations naturelles qui réveillent ses capacités. L'anti-âge ne s'applique pas qu'au visage : protéger le fin voile de l'épiderme posé sur ses poutres de collagènes et d'élastine est un beau combat !

**L'AVIS DE L'EXPERT**

**OBJECTIF THÉRAPEUTIQUE :** des soins calmants.
• j'ai mal (au genou, au dos...) : kiné
• je suis courbatue : suédois, biokinergie...
• j'ai les jambes lourdes : réflexologie, drainage lymphatique

**OBJECTIF ESTHÉTIQUE :** des soins bluffants.
• je veux mincir et me tonifier : modelages minceur, palper-rouler.

**OBJECTIF BIEN-ÊTRE :** des soins planants.
• je suis stressée : californien, ayurvédique
• je suis fatiguée : shiatsu

**LES (MAUVAISES) RAISONS DE M'EN PRIVER :**
• je suis pudique : les massages habillés thaïlandais.
• je n'aime pas qu'on me touche : réflexologie, anma.
• je n'aime pas l'huile : les massages à sec, comme le shiatsu.
• c'est trop cher : le massage se démocratise.

# LE MASSAGE... ET MOI

## ma silhouette ! ...et pour

*Une peau tonifiée, des tissus mobilisés, la graisse traquée dans ses derniers retranchements, là aussi, indéniablement, le massage passe : confirmation de l'angiologue.*

**ALIMENTATION ÉQUILIBRÉE, MOUVEMENT ET ACTION MÉCANIQUE.** Cette trilogie magique s'adapte à la peau comme à la silhouette. Mais l'une ne va pas sans les autres...

Pour mobiliser la graisse de la façon la plus douce, le massage entre dans une stratégie globale.

**L'AVIS DU DR GÉRARD REDZINIAK***

Le massage a un rôle dans l'évacuation de ce qui est infiltré – libérant les fluides stagnants. Par oxygénation, la vasodilatation, qui crée des autoroutes de circulation sanguine aux globules rouge, va permettre la détoxification. Cette vasodilatation va pomper les molécules appliquées en surface – les masses graisseuses, désengorger le gras : massage spécialisé pour résultat ciblé. L'effleurage sert juste à apporter du bien-être.

*Docteur en biochimie et président de la Société française de cosmétologie.

Max Lafontan, à l'Inserm de Toulouse, grâce à la pose d'une petite sonde dialyse qui sait mesurer le taux de glycérol – reflet exact de la fonte des graisses, stockées sous forme de triglycérides – a vérifié scientifiquement qu'une action de massage, par aspiration de la peau au niveau de l'hypoderme, stimule la fonte des graisses. Pas spectaculairement, mais de façon indéniable !

Une démonstration tardive – mais la recherche coûte très cher.

Une tendance qui associe cosmétique et apports mécanique est d'ailleurs en plein développement. Et les crèmes marchent, même le magazine "60 millions de consommateurs" le reconnaît – à base d'évaluations indépendantes.

# le massage et nous

**2**

# Le toucher, notre sens premier

*Via les molécules du bien-être – les endomorphines – la peau sait se fabriquer sa drogue douce, extrêmement naturelle et biodégradable, mais, attention, hautement addictive !*

**NOTRE INTRANERF** Les terminaisons nerveuses, véritables radars du cerveau, sont à l'écoute du monde extérieur via le tactile. Ces sentinelles forment un réseau extrêmement dense – des centaines de milliers de kilomètres de nerfs à apaiser à volonté ! L'équilibre cutané fait que l'équilibre nerveux de la peau est bon – et cela rejaillit sur le bien-être psychologique.

**PEAU ET CERVEAU, ORGANES JUMEAUX** La relation peau-cerveau passe par le toucher – les cellules nerveuses, les mélanocytes sont bien de la même origine. Cet organe fondamental est notre lien majeur avec le monde extérieur. La liaison entre deux êtres s'initie via les phéromones, cette attraction se traduit en rapprochement... et la chimie de l'amour se prolonge par la caresse. Elle allume dans notre cerveau des lampes de bien-être qui permettent au corps de se relaxer.

**L'HORMONE DE LA FIDÉLITÉ** on stimule l'ocytocine, l'hormone de la fidélité (un neuropeptide qui provient d'un lieu très précis du corps) par un massage du ventre, venu du fond des âges... c'est ce qui fait qu'un chat est fidèle à son maître. Boucle vertueuse : le massage permet même de renforcer l'immunité – Immunoglobulines, travaux sur l'IRM et même tests japonais sur la salive l'ont prouvé. La pudeur chrétienne a diabolisé cette approche du toucher, vécu comme un péché : la notion de plaisir a été reléguée dans nos civilisations, car synonyme de danger.

**L'AVIS DU DR GÉRARD REDZINIAK**[*]

Nos doigts sont des clés qui ouvrent des portes ! Un masseur impliqué fera passer cette passion de l'autre, et sera un meilleur "conducteur", dans cet échange énergétique qui va devenir moléculaire. Rééquilibrer l'énergie permet d'aller mieux et d'appréhender sa santé dans sa globalité – pas pour soigner quand on est malade ! Geste moléculaire du cerveau ou action locale – plus c'est fort, moins c'est cérébral !

[*] voir p.16

# Faire passer
## les bons massages

*Vive l'appropriation du massage dans la vie
de tous les jours ! Mode d'échange, de communication,
de partage et de bien-être... à consommer sans modération !*

**L'AVIS DU
DR GÉRARD
REDZINIAK**

Le toucher
est le sens primordial,
le chimiotactisme
entre deux bactéries
est le premier échange
apparu sur Terre.
Un bébé qui n'est pas
caressé peut en mourir
ou devenir fou. Masser
les petits prématurés
a des résultats miraculeux
et les services de pointe
en témoignent : s'isoler,
c'est mourir.

**1 TRAPÈZE LÉGER** On soulage la douleur en "décollant" le trapèze supérieur jusqu'à l'épaule

**2 SENS FRICTION** Des frictions au niveau de l'occiput sur les points généralement douloureux, dits points d'Arnold, de part et d'autre de la base du crâne : souverain !

**3 ENTRE LES OMOPLATES** Un geste de massage efficace, le pouce bien en pression sur les deux points des romboïdes.

# À l'écoute :
# le dos sans fausse note

*Se réconcilier autour d'un massage,
sympathique comme message ! À faire passer d'urgence,
pour ne pas perdre le contact...*

 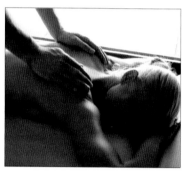 

**DÉTENDRE TOUTE LA RÉGION CERVICALE...** de la nuque jusqu'aux omoplates (les différents faisceaux du trapèze), grâce à des pressions et des frictions plus ou moins appuyées, plus ou moins intenses – des manœuvres très simples que l'on peut facilement s'approprier et qui peuvent soulager instantanément : si la douleur persiste, allô le spécialiste (voir chapitre Kiné)...

**L'ENSEMBLE DU DOS** va bénéficier de ce traitement, qui incite à l'abandon des tensions. Les gestes peuvent se décliner sur tout le dos, lombaires comprises (10 minutes minimum, jusqu'à 20 si l'on a le temps). Il ne reste plus ensuite... qu'à échanger les rôles !

# Face à face
## un doigt de douceur

*Chasser les idées noires et adoucir les traits,
un bonheur peut en cacher un autre !*

**1** **EFFLEURAGE VISAGE** la détente absolue sur toute la ligne.

**2** **DÉTENTE SUR LE FRONT!** À compléter par la détente du crâne, grâce à des pressions sur le dessus de la tête.

**3** **DRAINER LES SOUCIS...** le point sur les sourcils, à compléter en enfonçant le bout des doigts dans la chevelure, friction légère du cuir chevelu qui détend et tonifie en réveillant la circulation.

# En tête
## des anti-stress

*Pas besoin de se prendre la tête ?*
*Et pourtant, voici de quoi apaiser bien des tourments...*

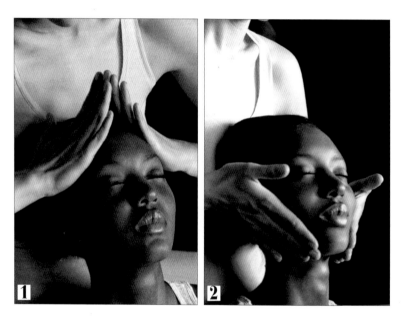

**1** **DÉTENTE DU CRÂNE** grâce à des pressions sur le dessus de la tête.

**2** **EFFLEURAGE DÉTENTE** de la mâchoire inférieure et du bas des joues à l'oreille.

**3** **JEUX DE PAUMES** pressions sur les tempes avec les paumes de main, on frictionne en douceur dans le sens des aiguilles d'une montre – antidouleur et déstressant.

3

# Marie-Odile Livorin
## Masseur-kinésithérapeute

*Kinésithérapie du sport avec le Dr Jacques Rodineau, mais aussi drainage lymphatique, Rolfing, sophrologie… Marie-Odile a fait le tour des techniques de thérapies manuelles occidentales. Grâce à une écoute attentive et à cette vision globale, elle sait adapter son approche en fonction des attentes du corps.*

# "Fermer les yeux, pour mieux *voir*"…

## DES GRECS À LA MÉDECINE CHINOISE, L'ÉCOLE SUÉDOISE A DE BEAUX ANTÉCÉDENTS

Depuis Aristote, bien-être physique et bien-être psychique sont indissociables. Hippocrate avait déjà recours au massage pour traiter les entorses et lutter contre la constipation.

**Pierre-Henri Ling, fondateur de la gymnastique suédoise au XIXe siècle, a commencé à utiliser le massage pour améliorer les performances des athlètes.**

Cette technique spécifique de manipulation des tissus mous du corps, a pour objectifs de faire disparaître les tensions musculaires, de donner une meilleure amplitude aux articulations, de favoriser les circulations sanguine et lymphatique, de **stimuler et de raffermir les tissus,** d'éliminer les toxines et d'apporter une meilleure immunité. Réservé aux seuls masseurs-kinésithérapeutes diplômés d'État, le massage thérapeutique symptomatique par zone soulage les douleurs : le massage suédois est le seul en France à qui il est officiellement reconnu un statut thérapeutique à part entière.

Une fois installée confortablement et au chaud, la séance peut commencer. Le protocole ne doit rien au hasard. Il démarre par le bas du dos pour remonter jusqu'aux cervicales, en y associant éventuellement les bras, en remontant de la main jusqu'à l'épaule. Il part toujours des extrémités pour remonter vers le cœur : du pied vers l'aine, puis le ventre. Mais dans le massage thérapeutique classique, on se limite souvent à la zone douloureuse : il n'y a que dans l'approche "bien-être" que le massage suédois retrouve une certaine globalité.

# L'effleurage : contact !

*Cette pratique superficielle permet au praticien de mettre en confiance et de relaxer, mais surtout d'effectuer un premier diagnostic manuel de la zone à traiter.*

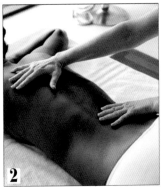

**1 LA DÉTENTE, LE PREMIER ACTE DU MASSAGE** En lever de rideau, une manœuvre enveloppante toute de légèreté : les deux mains posées sur le bas du dos remontent lentement le long de la colonne vertébrale, pour redescendre de chaque côté.

**2 LA PALPATION** permet au kinésithérapeute de ressentir plus intensément les zones à traiter, qu'elles soient "indurées", "empâtées" ou tout simplement plus raides.

**3 LA FIN DE L'EFFLEURAGE** la manœuvre se répète et va de plus en plus en profondeur pour mieux passer à l'étape suivante, le pétrissage.

## L'AVIS DE L'EXPERT

Zones interdites en massage suédois, là où se situent des paquets vasculo-nerveux (artères, veines et nerfs) :
• Creux poplité (derrière le genou)
• Le triangle de Scarpa (le pli de l'aine)
• L'aisselle.
En revanche, une approche très douce par pressions (en drainage lymphatique), est autorisée.

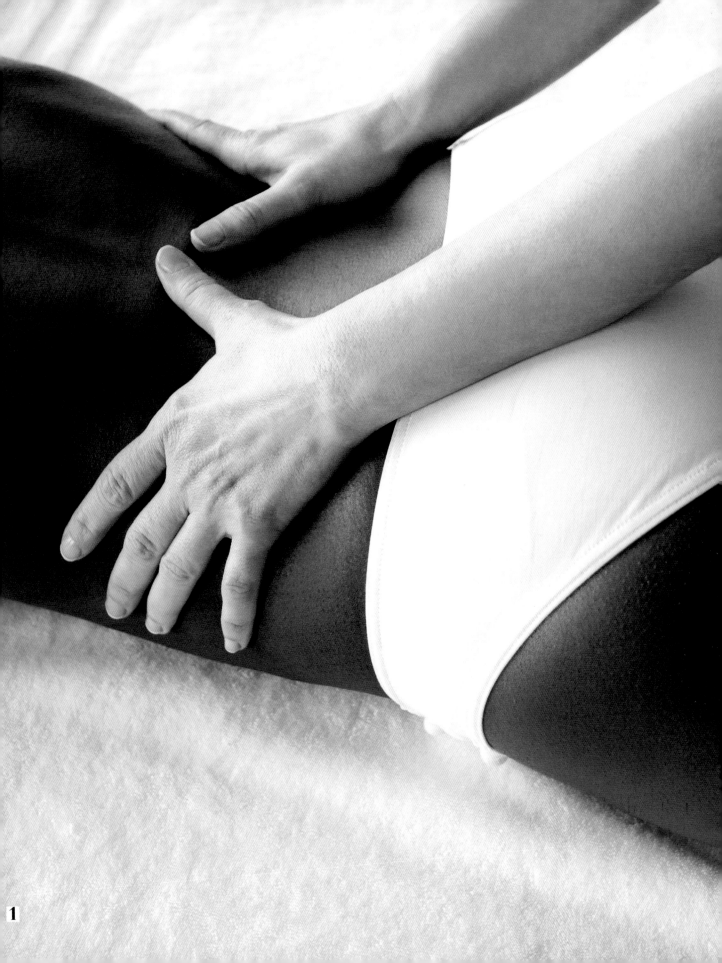

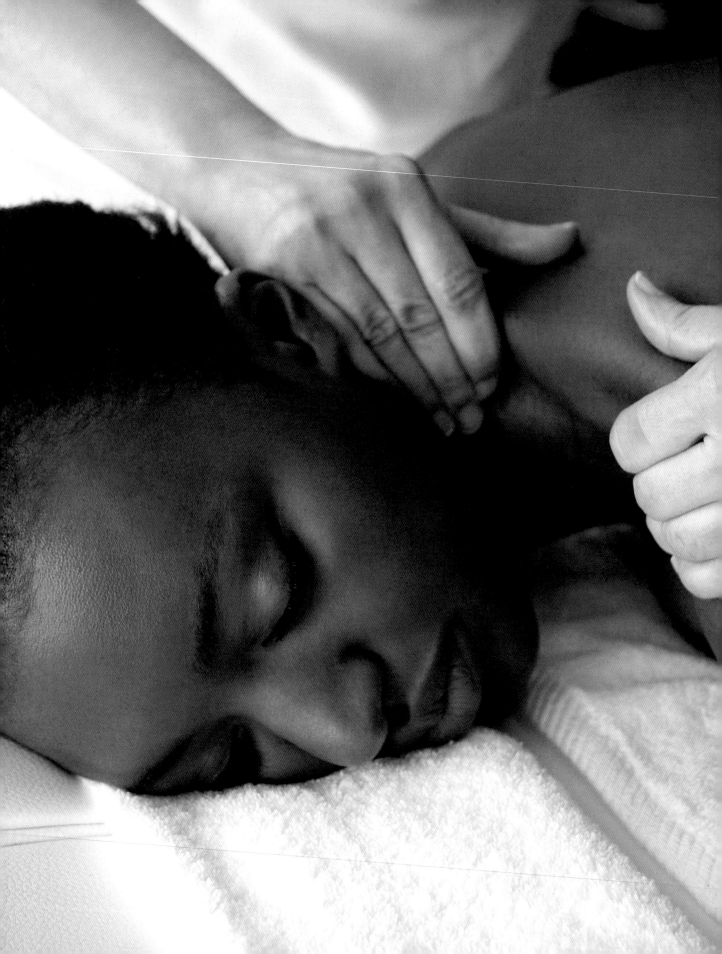

# Pétrissage : très sage

*Il va détecter les tensions profondes : le fait de décoller les tissus par "empaumement" des masses musculaires, pour les faire glisser les unes par rapport aux autres et les mettre en torsion, permet aussi de traiter en profondeur.*

**1 LOMBAIRES EN TÊTE** On commence toujours par la manœuvre clé des lombalgies et sciatiques.

**2 DES OMOPLATES AU CRÂNE** sus au trapèze supérieur (photo page de gauche), la manœuvre typique des douleurs cervicales et autres dorsalgies.

**3 SUR LES BRAS** Pas de jaloux : le pétrissage peut se pratiquer aussi sur les membres inférieurs et supérieurs. Il traite ainsi les problèmes de névralgies cervico-brachiales (douleurs des nerfs du bras qui rayonnent des cervicales jusque dans la main).

**4 À TOUTES JAMBES** : le geste part de l'extérieur du genou vers le haut de la cuisse ou de l'intérieur du genou vers le triangle de Scarpa – le pli de l'aine –, en évitant ce point spécifique.

**5 MOLLET LÉGER** Un exquis massage du tendon d'Achille à l'aide de la pulpe des pouces.

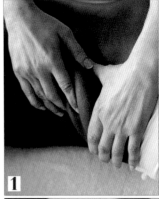
**1**

**2**

**3**

**4**

**5**

*Le pétrissage du trapèze*

# Pressions
## L'art de la glisse

*Toujours en agissant en profondeur, mais plus en douceur que dans le pétrissage, on va mobiliser les tissus supérieurs et sous-jacents pour obtenir une dispersion de la tension de la contracture musculaire. On y ajoute un étirement qui a un effet à la fois décontractant et tonifiant pour le muscle.*

**1** **ÉTIREMENT DU TRAPÈZE SUPÉRIEUR** Toutes les techniques à visée de détente et de relaxation mobilisées pour soulager les épaules et le cou.

**2** **LA RÉGION LOMBAIRE** est la deuxième visitée par les contractures et nécessite une attention spécifique.

**3** **PRESSION-ÉTIREMENT DES PECTORAUX** Toute la zone est mobilisée grâce à un appui ferme des deux mains qui effectuent un mouvement vers l'extérieur

**4** **L'ART DU PEIGNAGE** Les deux pouces en appui ferme sur un point, les deux mains entrelacées sur le dos "peignent" la zone douloureuse en rayonnant à la façon d'un compas, avec ou sans vibration, en imprimant un léger étirement des tissus.

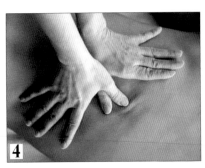

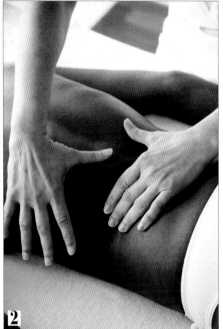

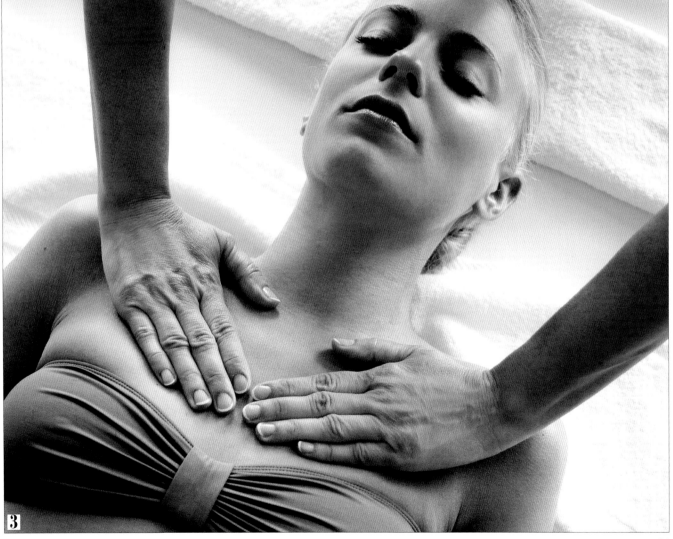

# Pressions glissées :
## ô pied !

*Les pressions agissent sur la circulation et le bien-être général par un effet réflexe plantaire similaire à celui de la médecine traditionnelle chinoise : l'arche interne du pied est une réplique de l'architecture de la colonne vertébrale.*

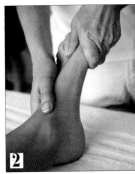 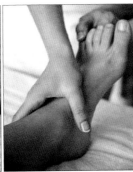  

**1 SEMELLE DE LOGARS** Cette manipulation utilise toute la plante du pied en commençant aux talons pour remonter jusqu'aux orteils par l'arche interne avant de redescendre par l'arche externe : une bonne manœuvre qui agit sur la circulation avec un effet décontracturant spectaculaire de tout le corps.

**2 MASSAGE DES ORTEILS** Un étirement énergique en tire-bouchon du gros orteil puis des pressions appuyées sur la pulpe des autres doigts du pied ont un effet magique… sur les sinus, mais aussi sur la colonne cervicale.

**3 PRESSIONS APPUYÉES AUTOUR DES MALLÉOLES** Le geste demarre à l'arrière des malléoles pour remonter le long de la jambe afin d'effectuer un drainage efficace et une meilleure circulation.

**L'AVIS DU MÉDECIN DU SPORT DR JACQUES RODINEAU**

Une entorse de cheville ne sera pas traitée immédiatement par le massage. Une inflammation du tendon ne peut être traitée directement : le massage aura une fonction de remise en route du côté mécanique, de remise en condition.

# Vibration à sensation !

*Le fait de faire vibrer les tissus permet d'"éclater" la tension enfermée dans la contracture. Cette technique s'utilise notamment sur les points très douloureux du trapèze qui sont le signe d'une pathologie cervicale.*

**1** **À LA RACINE DU COU** Le kinésithérapeute pointe la pulpe des doigts dans le corps musculaire du trapèze supérieur et effectue des mouvements vibrants qui mobilisent les tissus d'une autre façon, plus douce mais aussi profonde – et surtout indolore (si l'on ne supporte pas la friction).

**2** **PRESSION VIBRATOIRE DU TRAPÈZE** associée à un étirement : elle déclenche un soulagement sensible perceptible sous les doigts du praticien.

**3** **VIBRATION SUR LE VENTRE** Une manœuvre spécifique très douce avec le tranchant de la paume et l'autre main en rappel qui facilite le transit.

**L'AVIS DU MÉDECIN DU SPORT**

**DR JACQUES RODINEAU**

**CÔTÉ MASSAGE THÉRAPEUTIQUE, LE STANISH,** à base d'étirements et de renforcement du triceps pour redonner sa force et sa souplesse au tendon, est devenu aujourd'hui la méthode la plus utilisée dans le monde. Il combine étirements statiques et travail excentrique – et combat le mal par le mal en faisant répéter sous contrôle, y compris de la douleur ("no pain, no gain") les gestes qui ont abouti à la lésion.

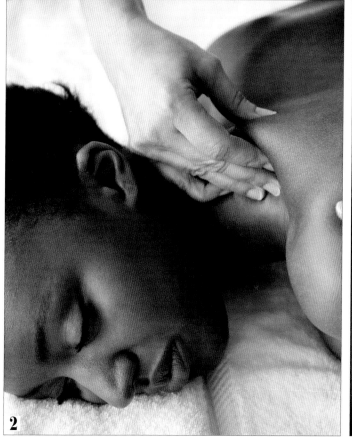

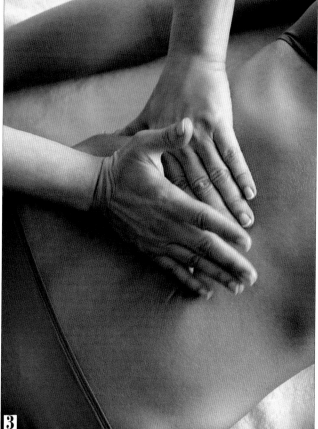

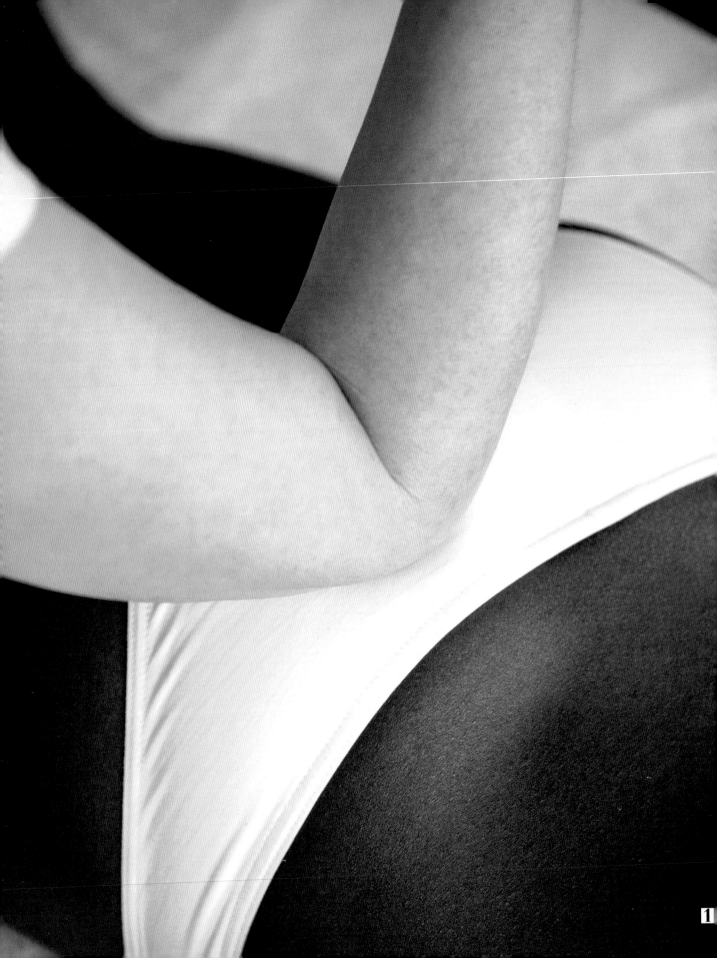

# Friction et ponçage : les points forts

*Cette technique "dispatche" toute la tension logée dans la contracture et joue un rôle antidouleur via le système para-sympathique, le trajet nerveux du message.*

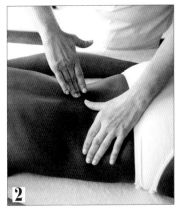 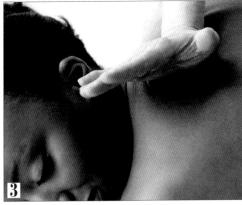 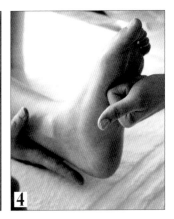

**1** **VERSION MUSCLÉE AVEC LE COUDE** Le ponçage consiste à exercer une pression forte associée à un mouvement circulaire, qui "écrase" la contracture. Un massage plus appuyé, punctiforme, où le coude permet d'agir avec le maximum d'efficacité.

**2** **LA PULPE D'UN DOIGT** permet de soulager un point sur les lombaires grâce au même type de manœuvre mais en version plus light!

**3** **LA BASE DE LA PAUME DE LA MAIN** sur les trapèzes supérieurs pour soulager les points douloureux jusqu'aux omoplates.

**4** **LE POING SUR LA PLANTE** du pied, maintenu par l'autre main: une super manœuvre circulatoire et surtout décontractante.

# Trois techniques percutantes

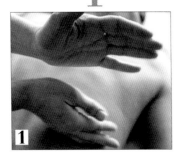

## 1 et 2 : Percussions

LES MAINS SOUPLES, le kiné "frappe" du tranchant de la paume : un geste qui paraît plus violent, mais reste très utile pour les zones douloureuses en apaisant les tensions musculaires et assouplissant les tissus 1. PERCUSSION SIMPLE : sur le dos, mais elle se pratique aussi sur les jambes (arrière des cuisses et mollets) et sur les bras (biceps). 2. PERCUSSION COQUILLAGE : avec le dos de la main, toujours en souplesse, même résultat que la percussion simple

## 3 : Palper-rouler

UNE EFFICACITÉ QUI NE FAIT PAS UN PLI. 3. DÉMONSTRATION SUR LE DOS : un pli de peau que l'on décolle au niveau des lombaires et que l'on fait remonter le long de la colonne vertébrale jusqu'aux cervicales ; si cela ne se décolle pas et qu'il reste une zone de raideur, c'est qu'il y a une pathologie vertébrale à traiter.

## 4 et 5 : Massage transverse profond (MTP)

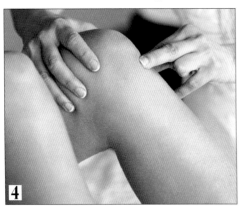
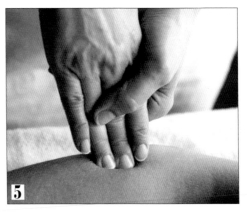

L'AVIS DU DR JACQUES RODINEAU

**LE MTP** DU DOCTEUR CYRIAX : destinée aux tendinopathies et aux entorses, cette technique s'adresse à toutes les lésions du tissu conjonctif. On mobilise perpendiculairement à la direction des fibres (une quinzaine de minutes). Ce massage est un peu douloureux au début, mais la douleur disparaît très vite complètement. Il ne s'agit pas d'une mono thérapie mais de la phase de départ d'un traitement plus complet. Il a un très bon effet thérapeutique (en 6 à 10 séances). Ci-contre : 4. Traitement du tendon rotulien. 5. Sur le coude, soulagement d'un grand classique articulaire, le tennis elbow.

# Au centre de tout : le ventre

*Au cœur du massage thérapeutique par zones, il permet un bon drainage et facilite le transit.*

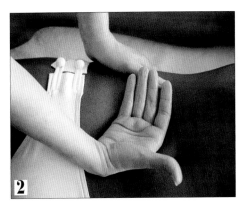  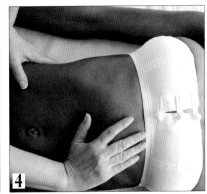

**1** **DANS LE SENS DES AIGUILLES D'UNE MONTRE** des mouvements de pression et de pétrissage.

**2** **AVEC LE DOS DE LA MAIN** des mouvements de pression-modelage pour accélérer par voie réflexe le transit intestinal.

**3** **PÉTRISSAGE PROFOND** pour stimuler le gros intestin, qui peut aussi se pratiquer en alternant avec les étirements.

**4** **PRESSION ÉTIREMENT** plus légère pour la fin d'un protocole qui va parachever la détente.

# Supérieurement détendue

*Les membres supérieurs sont le siège de toutes les tensions, descendues en droite ligne des vertèbres cervicales.*

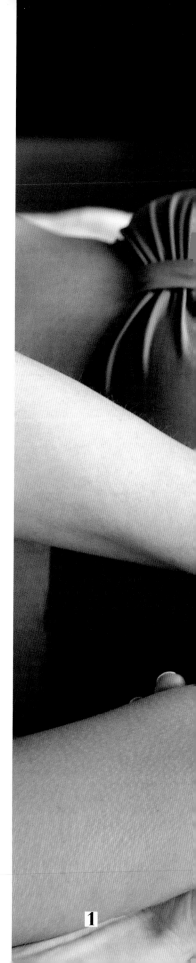

**1** **ÉPAULE DÉGAGÉE** mobilisation légère par pressions et tractions sur l'articulation de l'épaule afin de débloquer toute la ceinture scapulaire (de la clavicule jusque derrière l'omoplate).

**2** **BICEPS ALLÉGÉ** de tous les mouvements de gymnastique avec des haltères.

**3** **MAIN BIEN MASSÉE** détente assurée : un final en beauté de tout le massage du bras, pour le bien-être exclusivement (sauf pathologie particulière).

**4** **PRESSION EN TIRE-BOUCHON** un mouvement de torsion qui évacue les raideurs.

**5** **ÉTIREMENT DES DOIGTS PAR TRACTION** un grand classique des protocoles de massage qui assure une bonne détente.

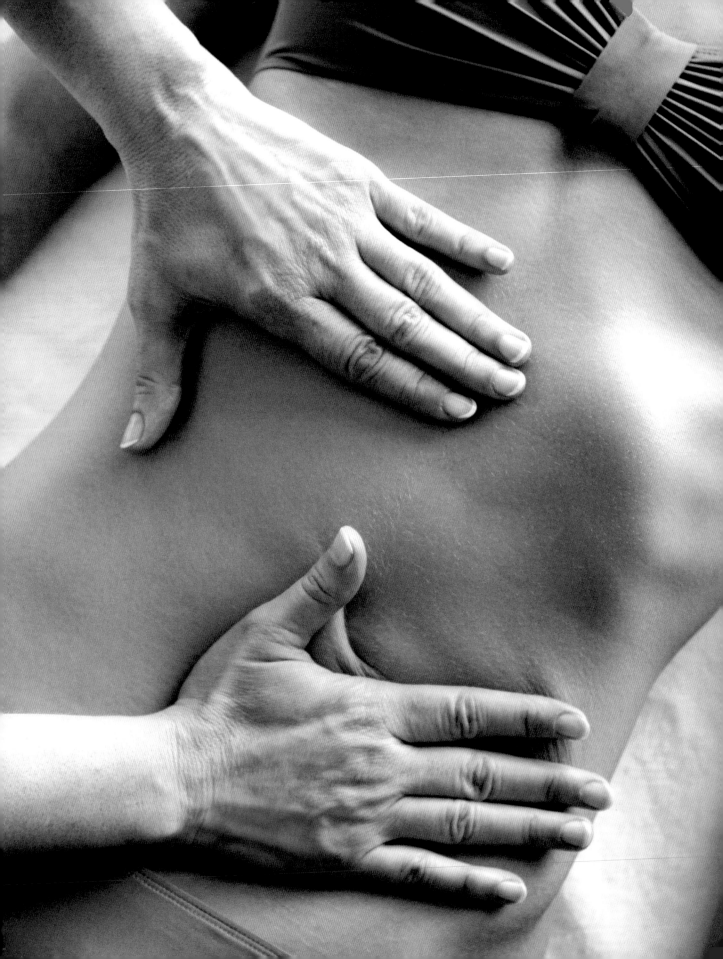

# DRAINAGE LYMPHATIQUE MANUEL

# Il continue à drainer les foules

*Technique de massage à visée circulatoire, le drainage lymphatique manuel est une approche toute de douceur et de lenteur avec des effets aussi bénéfiques sur la santé que sur le ressenti. Jean-Claude Ferrandez\* le décode pour nous.*

## UNE EFFICACITÉ SCIENTIFIQUEMENT PROUVÉE GRÂCE À LA MÉDECINE NUCLÉAIRE

L'idée d'agir sur la lymphe pour réduire les œdèmes a été réinventée en 1932 par le docteur Emil Vodder. **Il existe deux types de massages, selon que le patient est malade… ou non !** Sa première indication thérapeutique, l'œdème (éléphantiasis dans sa forme extrême), en a fait un spécialiste des suites d'interventions chirurgicales esthétiques – seins et ventre, visage, base du cou, paupières et front. Les manœuvres du drainage agissent de façon très simple, par des variations de pressions, qui stimulent ce que le système lymphatique fait normalement tout seul : la résorption des liquides à l'extérieur des cellules et l'évacuation de ces liquides. On agit ainsi sur deux structures du système lymphatique : les **capillaires lymphatiques** et **les vaisseaux qui évacuent la lymphe**, les collecteurs. Le terme «ganglion» n'est plus d'actualité, on parle à présent de **lympho-nœuds**. Il en existe entre 400 et 600 dans notre corps, situés la plupart du temps à proximité des articulations. Lors de sa formation, le masseur apprend les trajets de ces vaisseaux lymphatiques. À la limite de l'invisible et de l'impalpable, leur diamètre est inférieur à un demi-millimètre. Les techniques employées, beaucoup moins complexes qu'à la naissance de la discipline, sont ciblées. Si l'on souffre de jambes lourdes, les manœuvres de massage se feront à 95 % sur les jambes. Toutes ont en commun la lenteur, l'absence de friction et d'étirement cutané, et se font à mains nues, sans aucun produit de massage. Le drainage lymphatique manuel (DLM pour les pros) n'agit pas sur la silhouette : **son effet sur la cellulite est un mythe**. En revanche, si l'on a les jambes lourdes, **on gagnera en silhouette après un massage**. Mais cela ne tient qu'a l'évacuation d'eau, sans aucun effet sur la graisse.

*\*président de l'Association française des masseurs kinésithérapeutes pour la recherche et le traitement des atteintes lympho-veineuses (AKTL)*

**L'AVIS DE L'EXPERT**

**Manœuvres d'appel ou de résorption, ce ne sont que pressions douces, parfois sensibles, mais jamais désagréables. L'automassage est très difficile. Il est plus que préférable de faire appel à un spécialiste ayant suivi une formation moderne.**

# Le "Rolfer" est un sculpteur

*La thérapie manuelle littéralement la plus proche des arts plastiques. Toute la technique n'a qu'un but: remodeler un corps tout neuf et un esprit plus ouvert.*

**IL SUFFIT D'IMAGINER UN OREILLER** que l'on étire dans tous les sens pour le rendre plus souple, plus aéré, plus moelleux, pour visualiser l'effet que doit faire à notre corps la méthode mise au point par Ida P. Rolf, biochimiste passionnée par le collagène, en inventant en 1971 cette méthode révolutionnaire mise en pratique dans son Institute of Structural Integration de Boulder, Colorado.

Le corps est une matière noble, dont la richesse a inspiré d'innombrables artistes. Le Rolfing travaille sur la plasticité des tissus de la tête aux pieds via un protocole précis qui agit sur le réalignement du tronc et des membres inférieurs par rapport à un axe vertical, une véritable réorganisation du corps considéré comme un système dynamique.

## NOS TISSUS SONT LA TRAME DE NOTRE EXISTENCE

Ils s'imbibent des bonnes (ou mauvaises) sensations physiques ou psychologiques. Un travail profond des fascias est censé agir sur les tensions, même passées. Selon cette théorie de la mémoire tissulaire, un traumatisme n'est jamais uniquement local : la tension se propage dans les masses musculaires et crée un déséquilibre qui peut finir par former une "cuirasse", un épaississement de l'enveloppe musculaire. Une méthode holistique – globale – qui s'inspire du yoga et de l'ostéopathie.

**L'AVIS DE L'EXPERT**

**LA STRUCTURE GOUVERNE LA FONCTION** Les tissus, avec leur composante de collagène, sont malléables. Le but est de rétablir l'équilibre de la structure corporelle grâce à des manipulations qui influent sur l'état de santé général, incluant le bien-être psychologique, et qui entraînent un changement intérieur profond. Après une séance, le corps continue à se régénérer.

1

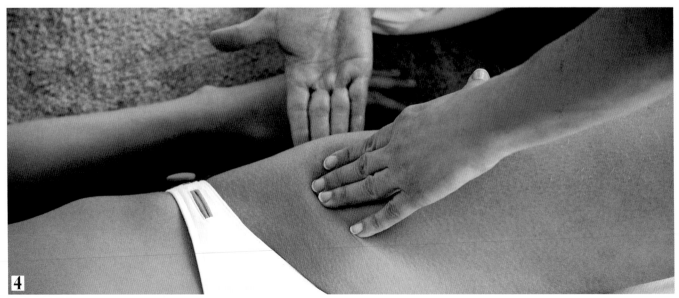

# Un changement intérieur profond

## Nous avons *tendance* à pencher vers l'avant

**LA "CHAÎNE ANTÉRIEURE" se ferme, se rétracte** : grâce au travail du Rolfing, les mouvements se font plus aisés, le déblocage des tensions musculaires et articulaires apaise les douleurs. Le corps est détendu, avec davantage d'énergie, de dynamisme, de tonus musculaire : le bien-être en découle naturellement, via le système nerveux para-sympathique. Une façon de combattre le stress et l'anxiété. Le praticien donne à l'organisme de nouveaux renseignements le conduisant à modifier certaines attitudes. **CONTRE LE MAL DE DOS.** Le Rolfing® est particulièrement adapté aux problèmes de dos : syndrome du canal carpien, lordose, scoliose, cyphose et sciatique, restrictions articulaires, douleurs musculo-squelettiques.

## MANIPULATIONS VIGOUREUSES

Le thérapeute pince, lisse, malaxe à l'aide de ses doigts, de ses poings, de ses coudes pour mieux assouplir le tissu conjonctif. Un travail en profondeur et une approche vigoureuse, à déconseiller aux futures mamans.

**1** **ON DESCEND JUSQU'AUX GENOUX** (photo p. 55) en maintenant des pressions-étirements à l'aide du tranchant des mains.

**2** **LIBÉRATION DE L'ÉPAULE** Un travail sur le bras qui détache les muscles, décolle les adhérences et va contribuer en profondeur à étirer les fascias.

**3** **L'AVANT-BRAS COMPLÈTE LE MOUVEMENT** en pressions intenses pour mieux accompagner les manipulations et étirer les fascias de la cuisse.

**4** **LIBÉRATION DES TENSIONS DE LA HANCHE** grâce à un travail spécifique qui s'associe au travail sur le bassin.

# Michel Lidoreau
### Directeur de l'enseignement et de la recherche en Biokinergie

*Kinésithérapeute et ostéopathe, il a inventé au début des années 80 cette approche globale qui fait partie du champ de compétences de la kiné et qui associe mobilisation des articulations, détente des tissus et stimulation des points réflexes et des points d'acupuncture. Technique de massage très soft, elle s'attaque en douceur aux petits maux quotidiens.*

# La spirale
## du mieux-être

## VIE, MOUVEMENT, ÉNERGIE : TOUT EST LIÉ !

Toute douleur est le rappel d'un stress dont notre corps a gardé la mémoire ! Chocs physiques ou coups au cœur, fatigue ou déséquilibre alimentaire… Tout s'inscrit sous forme de tensions doulou-reuses, que le biokinergiste va savoir localiser et détendre.

La Biokinergie appréhende la globalité physique et psychique pour remonter à la cause des troubles du quotidien – avec une importante dimension anti-stress et anti-fatigue.

L'originalité de la Biokinergie (littéralement vie, mouvement et énergie) est en effet de prendre en compte le fait que tout est relié, que tout communique, dans un perpétuel échange d'informations entre les activités biologiques – circulatoires et nerveuses, métaboliques et biochimiques – et que dès qu'un désordre se manifeste quelque part, notre corps, lassé de compenser les déséquilibres, va se mettre, littéralement, en vrille !

**Cette "mise en vrille" se traduit en surface par des zones de tension**, des points en relation avec les récep-teurs nerveux où les tissus s'enroulent sur eux-mêmes en spirale.

# Approche globale : la complémentarité

## LE GESTE-CLÉ : L'ENROULEMENT

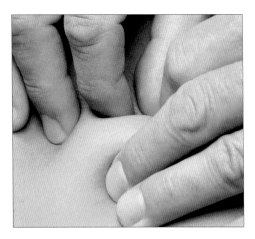

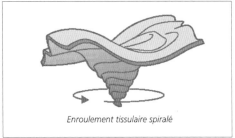

*Enroulement tissulaire spiralé*

Après un bilan complet qui permet de les localiser, on peut se lancer dans une véritable réharmonisation de l'ensemble. Dès que l'on va agir sur un de ces points, il va envoyer au cerveau des informations permettant de libérer une articulation, de détendre un muscle contracté, ou de soulager un organe en relation avec le point d'acupuncture stimulé. Un même geste peut d'ailleurs contrôler simultanément plusieurs points, apaiser une tension et équilibrer d'un autre côté, relancer la circulation et les échanges cellulaires, détendre les tissus en rééquilibrant les muscles et les fascias qui les relient, restaurer la mobilité et réajuster les os et les organes. Le tout s'effectue dans un pur geste de massage, qui ne fonctionne que par des appuis sur les tissus et des micro mouvements de rotation – à l'exclusion de toute manipulation. Le corps est globalement pris en compte. L'interactivité est partout, entre les os, les capsules, les ligaments, les muscles, les fascias et les organes…

## L'AVIS DE L'EXPERT

**La découverte de Michel Lidoreau sur la structure en spirale des points d'acupuncture, a été depuis confirmée et scientifiquement démontrée par le Pr Senelar et le Dr Auziech à l'Inserm de Montpellier. Ces points sont composés de fibres nerveuses enroulées en spirale, elles-mêmes enveloppées dans un tissu conjonctif d'emballage torsadé, qui présente des capacités de déformabilité réversibles.**

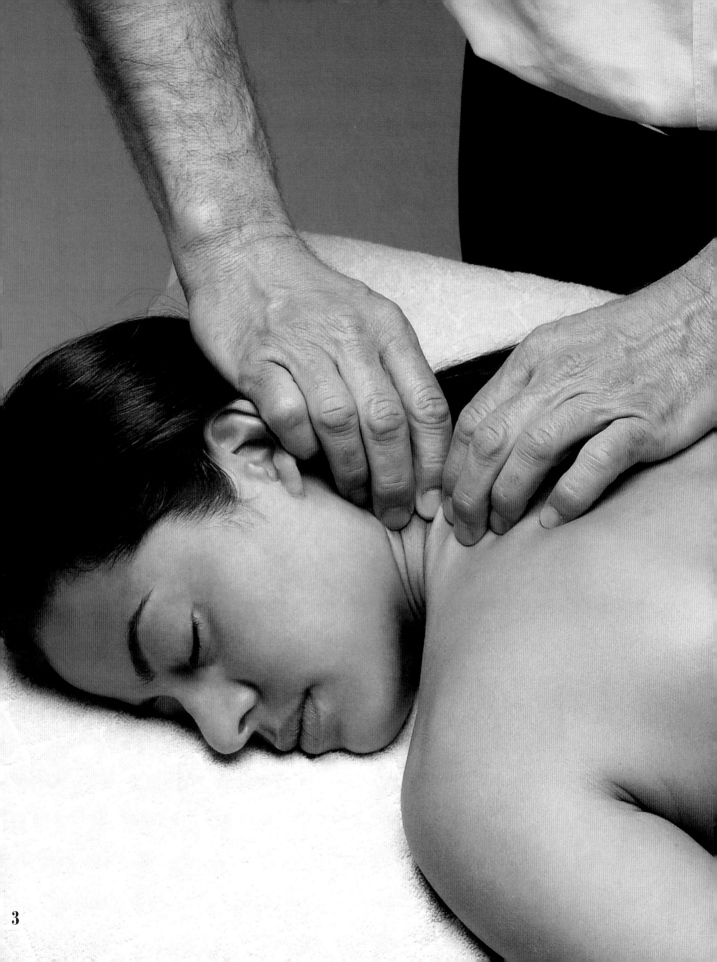

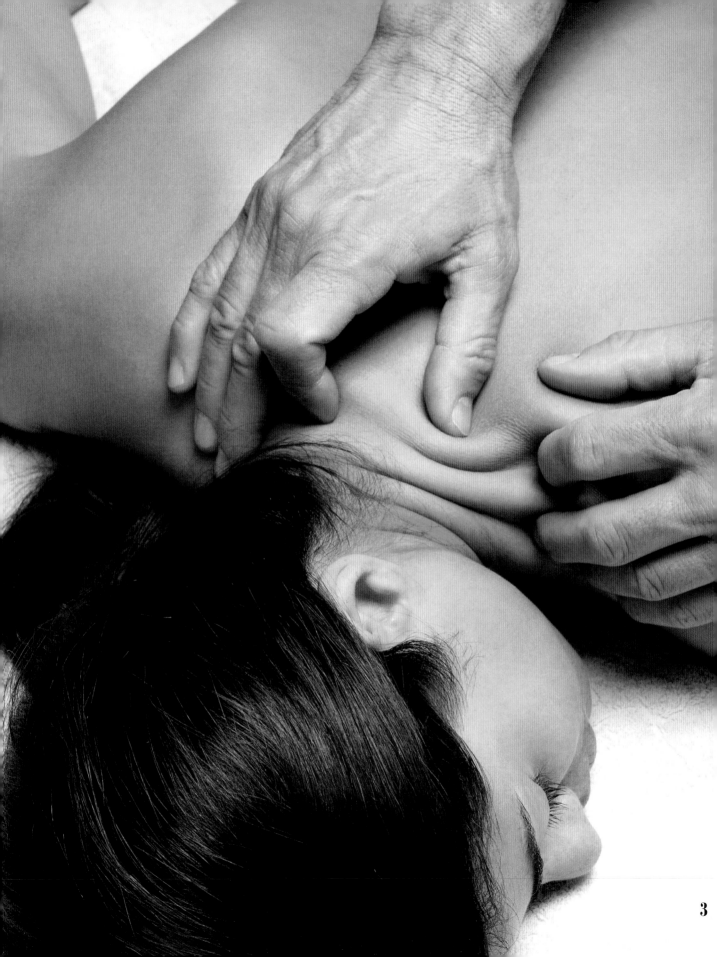

# Un mix de *techniques*… tous bénéfices !

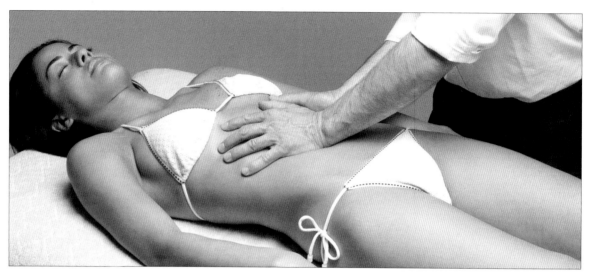

**DÉTENTE DU VENTRE** : le traitement associe des corrections ostéo-articulaires, viscérales, musculaires et énergétiques. La main gauche contrôle les structures reliant l'estomac au foie, tout en stimulant avec le pouce le point d'acupuncture 14 RM (point de commande du rythme cardiaque, des spasmes du diaphragme et des douleurs gastriques…). La main droite corrige le blocage d'une côte, matérialisé par un point d'enroulement tissulaire situé sous le pouce droit. Les doigts accompagnent la libération des tensions de la partie gauche du diaphragme.

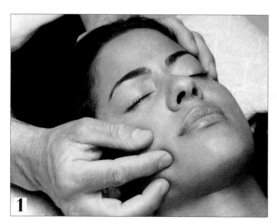

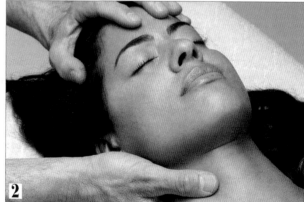

**DÉTENTE GLOBALE DE LA NUQUE ET DU CRÂNE** par des actions articulaires, musculaires et énergétiques associées. 1. **Rééquilibrage des os** de la tempe et des maxilaires pour rétablir un rapport dentaire harmonieux : un blocage de la mâchoire et des dents qui ne sont pas uniformément en contact perturbent l'équilibre général. 2. **Le pouce droit** stimule le point d'acupuncture "9 estomac", en relation avec les problèmes de gorge. Les autres doigts contrôlent les points d'enroulement liés au blocage des cervicales et aux contractures musculaires de la nuque. La main gauche rééquilibre les tissus et les points d'acupucture perturbés du front.

# Approche articulaire : soulager !

*En restaurant le libre jeu des surfaces articulaires entre elles, le praticien traite les douleurs des articulations et leur redonne souplesse et mobilité.*

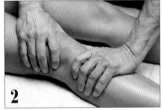

1

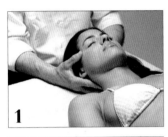

2

**1 TRAITER LES MAUX DE TÊTE** Par des appuis précis sur des points réflexes, on libère les tensions musculaires et les sutures qui relient les os du crâne.

**2 SOULAGER UN GENOU DOULOUREUX** Correction des mouvements de glissement du tibia par rapport au fémur sur un genou douloureux lors de la marche, en libérant les tensions responsables du blocage.

**3 LIBÉRER LES VERTÈBRES CERVICALES** Grâce aux enroulements qui matérialisent les blocages, la correction d'une vertèbre cervicale basse peut se réaliser dans la position de tête la plus confortable pour le patient. Le praticien stimule les points et accompagne le mouvement de la vertèbre en position de correction jusqu'au relâchement du blocage.

**CÔTÉ BIENFAITS**

La Biokinergie revendique des indications multiples, du mal de dos aux mauvaises postures en passant par les troubles du sommeil et les règles douloureuses. Le cas des jambes lourdes illustre bien l'intérêt de son approche multiple – articulaire et musculaire, cellulaire, drainage lymphatique et sanguin, viscérale – pour remonter à la cause du trouble… et le soulager. Éliminer blocages et tensions, assouplir les tissus pour libérer les axes vasculaires et nerveux va permettre à l'énergie de circuler librement. On ne se contente pas de soigner, on anticipe ! Son rôle de prévention rejoint aussi la philosophie de la médecine chinoise, puisque son objectif est de maintenir un état de bien-être physique et psychique.

# Approche musculaire : détendre !

*En agissant sur des points-clés des fascias, structure
qui enveloppe les muscles, les vaisseaux, les nerfs et les organes,
le biokinergiste redonne aux muscles leur souplesse
et leur mobilité, tout en relançant les échanges circulatoires et nerveux.*

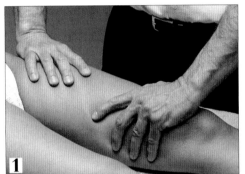 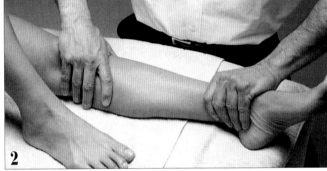

1. **J'ai mal à la cuisse** : mise en position de détente du quadriceps par stimulation des points
d'enroulement localisés à ses extrémités en accompagnant le mouvement des fascias pour obtenir le
relâchement du muscle. 2. **Anti jambes lourdes** : détente musculaire et libération des axes vasculaires
et lymphatiques pour stimuler la circulation et le retour veineux (action de drainage).

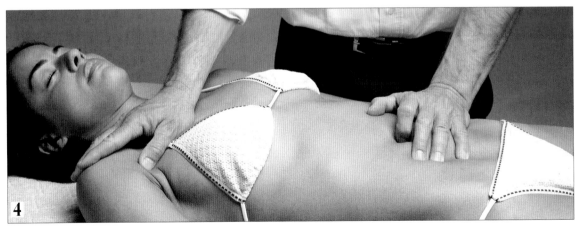

3. **Libérer une épaule** : le traitement de 4 points d'enroulement localisés sur le muscle trapèze permet
de libérer la contracture gênant le fonctionnement de l'épaule. 4. **Un joli port de tête** : le rééquilibrage
de la posture par traitement en chaîne des muscles croisant au niveau du ventre et de la poitrine améliore
la posture globale.

# Approche organique : alléger !

*La détente des membranes enveloppant les organes et la stimulation de points d'acupuncture spécifiques permettent de relancer le bon fonctionnement des organes et de soulager les douleurs associées aux troubles mineurs d'origine fonctionnelle.*

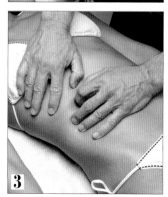

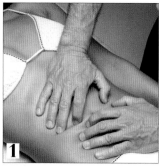

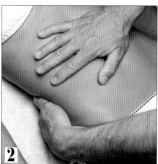

**1 PALPATION DE L'ABDOMEN** La recherche des tensions musculaires, des spasmes viscéraux et des points d'acupuncture perturbés permet de prévenir les tensions abdominales et les dysfonctions viscérales pouvant provoquer troubles digestifs, règles douloureuses et même douleurs du dos.

**2 BON TRANSIT** Détente des enveloppes viscérales et rééquilibrage des points d'enroulement tissulaires localisés au niveau du colon et des piliers qui relient le diaphragme à la colonne vertébrale.

**3 RÉÉQUILIBRER LES FONCTIONS** Libération de la mobilité de la vésicule biliaire et détente des ligaments reliant le foie au diaphragme pour stimuler leurs fonctions drainante et digestive.

## L'AVIS DE L'EXPERT

Une séance dure 3/4 d'heure à 1 heure, pendant laquelle le patient est traité de la tête aux pieds. Une séance est le plus souvent suffisante dans les cas aigus : torticolis, lumbago, entorse… Dans les douleurs et les troubles viscéraux chroniques, compter 3 à 4 séances, espacées de 2 à 3 semaines. C'est le temps que met le corps à se rééquilibrer complètement. Le respect de ce laps temps est important pour bénéficier pleinement des bénéfices de chaque séance. À titre préventif, on peut conseiller 1 ou 2 séances au printemps et à l'automne ou dans les périodes de fragilité.

Ayurvédique

4

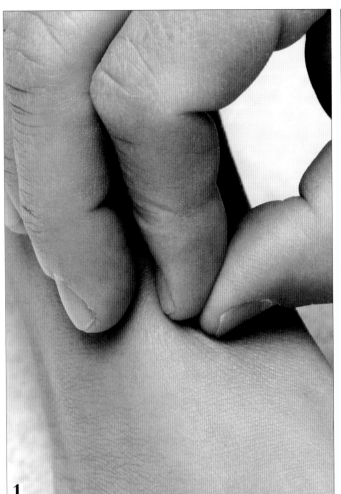

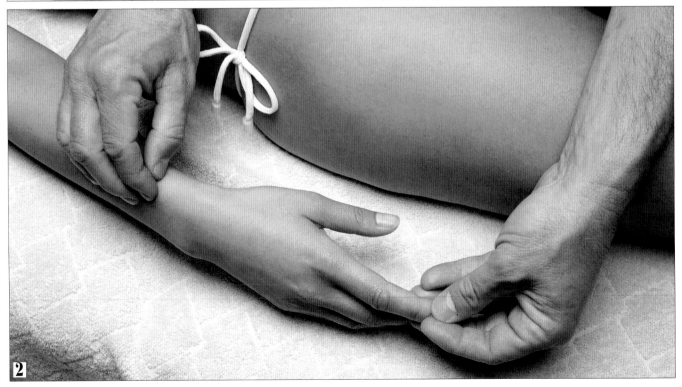

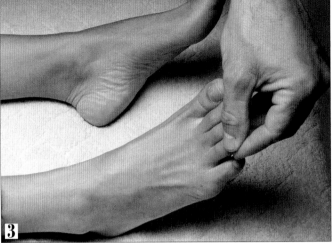

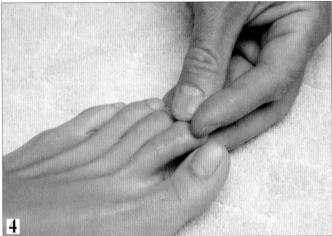

# Approche énergétique: rééquilibrer !

*La stimulation des points d'acupuncture et des points réflexes, par des actions manuelles douces, permet de rétablir un fonctionnement physiologique, biologique et psychique optimal, tout en bénéficiant des actions antalgiques et anti-inflammatoires de la médecine chinoise.*

**1 LIBÉRATION** d'un point d'acupuncture en Biokinergie pour relancer la circulation des énergies dans le méridien : par une légère pression des doigts de part et d'autre du point, on accompagne le mouvement de rotation tissulaire, jusqu'à sa mise en tension maximale, afin de stimuler les récepteurs nerveux et de déclencher la fonction antalgique et anti-inflammatoire du point.

**2 STIMULATION** du méridien "gros intestin" dans un traitement de colite.

**3 ON NE SE FAIT PLUS DE BILE** Le traitement de la vésicule biliaire (photo 3, page 66) est complété par la stimulation de 2 points d'acupuncture, qui présentent un enroulement sur le trajet du méridien en relation avec cet organe.

**4 STIMULATION DU POINT DE TERMINAISON DU MÉRIDIEN ESTOMAC** efficace en cas de brûlures gastriques.

**L'AVIS DE L'EXPERT**

Les méridiens s'étendent de la tête aux pieds et sont en relation avec un grand nombre d'organes, de muscles et toutes nos fonctions psychiques. Très en phase avec l'approche de la médecine chinoise, la Biokinergie est une technique particulièrement bénéfique pour lutter contre les troubles psychiques (stress, angoisse, dépression, insomnie…) en favorisant détente, forme et bien-être.

4

Ayurvédique

# Kiran Vyas
## Centre Tapovan

*Kiran Vyas a beaucoup contribué à populariser l'Ayurvéda en Europe - mais aussi en Inde, où ces techniques ancestrales sont redécouvertes en partie grâce au travail accompli par le fondateur de Tapovan, une des écoles les plus réputées. Avec son frère Pankaj Vyas, il nous initie aux secrets de beauté les plus anciens du monde.*

# "Tous les massages du monde s'inspirent de l'Ayurvéda !"

## EN INDE, LE MASSAGE FAIT PARTIE INTÉGRANTE DE L'HYGIÈNE DE VIE, COMME SE BROSSER LES DENTS !

Le massage ayurvédique ou "grand massage", est un monde en soi : il englobe des milliers de techniques. En fait, tous les massages – shiatsu, californien, suédois – peuvent être qualifiés d'ayurvédiques – et l'école thaïe en est clairement dérivée. **L'Ayurvéda est une médecine holistique qui a plus de cinq mille ans et qui ne se cantonne pas à la guérison – elle aide aussi à la prévention. C'est une véritable science de vie, qui sert tout autant à l'épanouissement et à la beauté.** Je l'ai dit à un colloque devant 2000 esthéticiennes : "Vous pouvez utiliser la crème de beauté la plus chère du monde, mais si vous êtes constipée... vous aurez une beauté constipée !" Si les organes internes sont sains, la beauté extérieure n'est qu'une petite conclusion. Pour l'entretenir, médicaments et plantes – mais aussi les choses les plus simples : bien dormir, boire de l'eau chaude, pratiquer yoga et massages... Toutes les étapes de la vie doivent être accompagnées de massages, avec des nuances pour chaque âge ou circonstance.

## SÉSAME, OUVRE-MOI !

**Le corps renferme 72 000 canaux d'énergie et l'huile de sésame "ouvre" les blocages de ces canaux.** Elle est réputée pour ses vertus exceptionnelles sur l'équilibre des trois états, elle est bonne pour le foie, la vision, la respiration, les intestins, la circulation... et c'est la plus puissante pour le rajeunissement du corps, du visage et de la peau. Depuis l'Antiquité, des chimistes ou alchimistes étudient les principes actifs : une huile peut donner une grande énergie, éliminer le stress ou la fatigue chronique. Certains massages agissent sur les cinq éléments (Eau, Terre, Feu, Air, Ether) constituants de l'être humain. Ils ne sont pas limités à la surface de la peau mais ont une action en profondeur, sur les muscles, les organes – et sur l'émotionnel...

*Le minimum serait de se faire masser (ou de s'automasser) au moins cinq minutes par jour et de s'offrir un grand massage une fois par semaine. Une utopie dans nos vies trépidantes ?*

# Kansu®
## le bol magique

*Un bol de métal s'allie aux gestes de la réflexologie plantaire pour un massage traditionnel du Gujarat – très judicieusement réhabilité.*

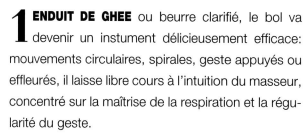

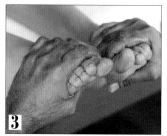

**1 ENDUIT DE GHEE** ou beurre clarifié, le bol va devenir un instument délicieusement efficace: mouvements circulaires, spirales, geste appuyés ou effleurés, il laisse libre cours à l'intuition du masseur, concentré sur la maîtrise de la respiration et la régularité du geste.

**2 PRISE DE CONFIANCE** Tout commence par ce contact privilégié: le masseur s'accroupit au pied du lit, le contact s'établit et le courant doit passer pour s'abandonner totalement aux bienfaits du Kansu.

**3 PRESSION DOUCE** Les tensions s'apaisent, il n'est pas rare de s'endormir profondément lors de ce massage hors normes.

**4 ON CROISE... LES DOIGTS** L'aboutissement d'un long protocole, qui provoque une détente absolue et calme l'excès de feu. Tous nos enthousiasmes, toutes nos dépressions, sont équilibrées – y compris les problèmes d'insomnie. Très bénéfique pour les yeux, mais aussi pour le foie – chaque organe du corps est massé via les points réflexes: les réflexologues chinois ont beaucoup appris des écoles indiennes, la médecine tibétaine aussi. Pour la petite histoire, ce massage était pratiqué autrefois par les enfants et petits-enfants sur les anciens, en échange de récits épiques...

## CINQ ÉLÉMENTS RÉCONCILIÉS

**PRÉCIEUX ALLIAGE** de cuivre et de zinc, avec des traces de métaux précieux : le secret du bol de Kansu réside dans sa formule, qui ajoute aux bienfaits de la réflexologie, le rôle des métaux et des oligoéléments qui équilibrent l'élément Feu dans la médecine ayurvédique. Pour le recharger, il suffit de l'enduire de cendre puis de le frotter d'herbe avant de le rincer à l'eau.

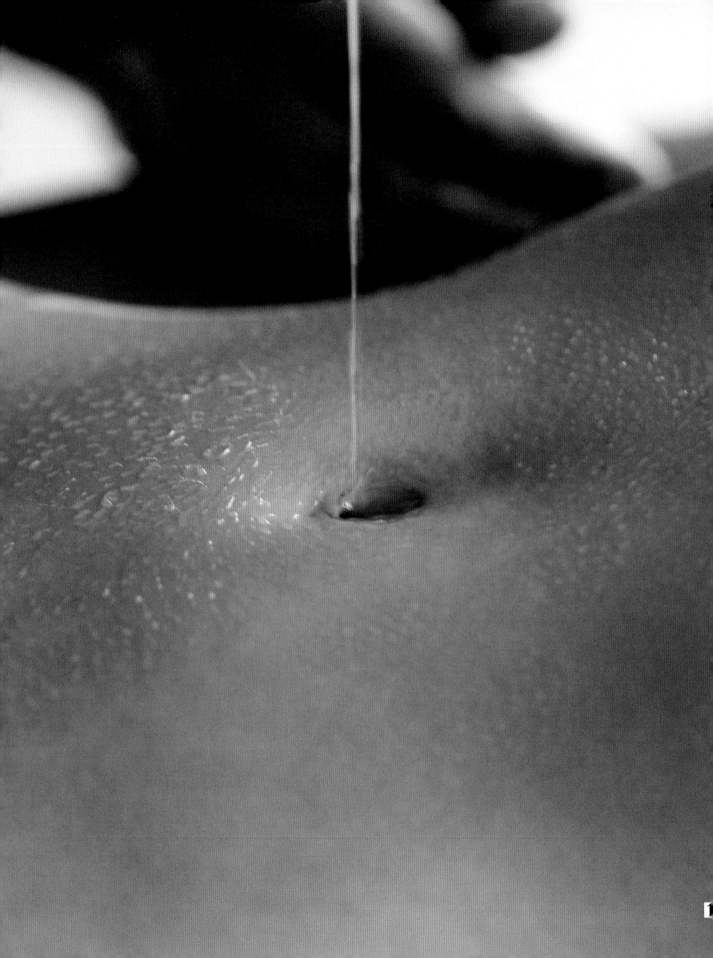

# Le Mandala
## du ventre

*Le chakra du nombril symbolise force et pouvoir.
Au-delà de la simple détente, un protocole aux effets
incroyables sur toutes les réactions viscérales : colère, jalousie,
dénouant peurs et autres nœuds de stress…*

**1** **L'HUILE DE MOUTARDE** spécialement réservée à cet usage, toujours tiédie : douze gouttes que l'on fait descendre en mince filet vers le nombril, où l'on trace douze petits cercles.

**2** **DANS LE SENS DES AIGUILLES D'UNE MONTRE** toujours, on va effectuer le tracé sacré du mandala, dessinant un cercle autour du nombril et ses quatre arcs concaves. Le fait de l'effacer réorganise toutes les énergies.

**3** **LE BARRATAGE** de l'océan d'énergie du nombril : un geste tournant du poing fermé.

**4** **PRESSION DOUCE** on agit sur les points réflexes, en alternance avec les spirales du bout des doigts.

**5** **MERCI DE TA CONFIANCE** au sens propre, un geste qui symbolise l'acceptation, le fait de se remettre entre les mains de l'autre. Ce massage favorise la digestion, élimine les gaz, améliore le fonctionnement de la rate, de la vésicule, du pancréas et aide aussi les reins. Et, en plus des bienfaits évoqués plus haut, il apporte un formidable sentiment de lâcher-prise.

**TOUTE UNE VIE POUR SE FAIRE MASSER**

Le massage ayurvédique commence au premier jour et se termine au dernier jour de notre vie. Dans l'idéal, les futurs parents devraient même recevoir des massages trois mois avant la conception, afin de préparer leur corps et leur esprit pour leur bébé.

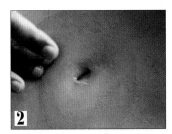

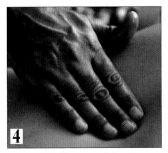

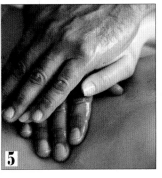

# Un quatre mains d'exception

*Un massage virtuose, qui fait totalement perdre la notion du temps et de l'espace : le corps inondé d'huile chaude, les gestes des deux masseurs, simultanés ou alternés, éliminent tous les points de repère habituels...*

**1** **LE PICHAULI, UN MASSAGE ROYAL** pour lequel on utilise des litres d'huile. Pratiqué à quatre mains pour une totale «oléation» du corps : l'huile chaude diminue toute douleur, quelle que soit la partie du corps approchée, et élimine toute la sécheresse – «Il augmente l'énergie d'amour, de tendresse et donc la beauté...»

**2** **LES PLANTES GRIMPANTES** des mouvements ascendants le long de la colonne vertébrale, de chaque côté des vertèbres, du coccyx aux cervicales.

**ENTRE APPROCHE PHYSIQUE ET SPIRITUALITÉ**

En partant du corps extérieur, du corps tangible, du corps physique, l'approche ayurvédique va bien au-delà : les cinq corps subtils de la tradition indienne peuvent être touchés lorsqu'un thérapeute détient la vraie connaissance... Pas quand c'est appris en deux week-ends et administré par quelqu'un de stressé ! Ce travail sur soi est aussi important que les techniques en elles-mêmes. La sincérité est la base, ainsi que l'authenticité, sans elles, tout sonnera faux.

# Aux plus. belles extremites

*Le massage des membres*
*revêt une importance capitale dans le rituel ayurvédique.*

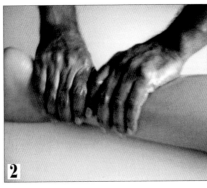

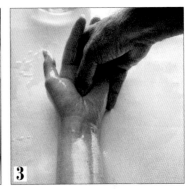

**1 LISSAGE DES JAMBES** les mains du masseur intiment des pressions qui font circuler l'énergie.

**2 TELS DES BRACELETS** autour du mollet, les mains apaisent les douleurs dues à la station debout ou à un ryhtme effrené.

**3 AU CŒUR DE LA PAUME** les points clés de la détente absolue: la main aussi a droit à son traitement de faveur.

**4 RÉJUVÉNATION: LE RITUEL PADAGHAT** Le massage de la plante des pieds pratiqué en échange absolu entre masseur et massé: d'une totale générosité, il permet d'utiliser tout le poids du corps pour effectuer des pressions douces ou fortes selon l'état des deux protagonistes. Il demande une précision parfaite pour ressentir les points importants et un calme absolu pour que le masseur puisse effectuer ses mouvements dansants dans la vibration universelle du son sacré, "Aum".

**LE POUVOIR ANTIÂGE DE L'AYURVÉDA**
Kiran Vyas le confirme : « C'est 100 % bien-être. Si l'ayurvéda augmente la beauté et prévient les maladies, tant mieux ! Il y a dix ans, je dirigeais les cures moi-même. Un mari était venu chercher sa femme, qui avait passé une semaine en totale immersion ayurvédique. Et il n'en revenait pas, il ne cessait de répéter: "C'est incroyable, c'est toi… il y a quinze ans !" En une semaine de cure, on peut facilement gagner (c'est-à-dire perdre) quatre à cinq ans. »

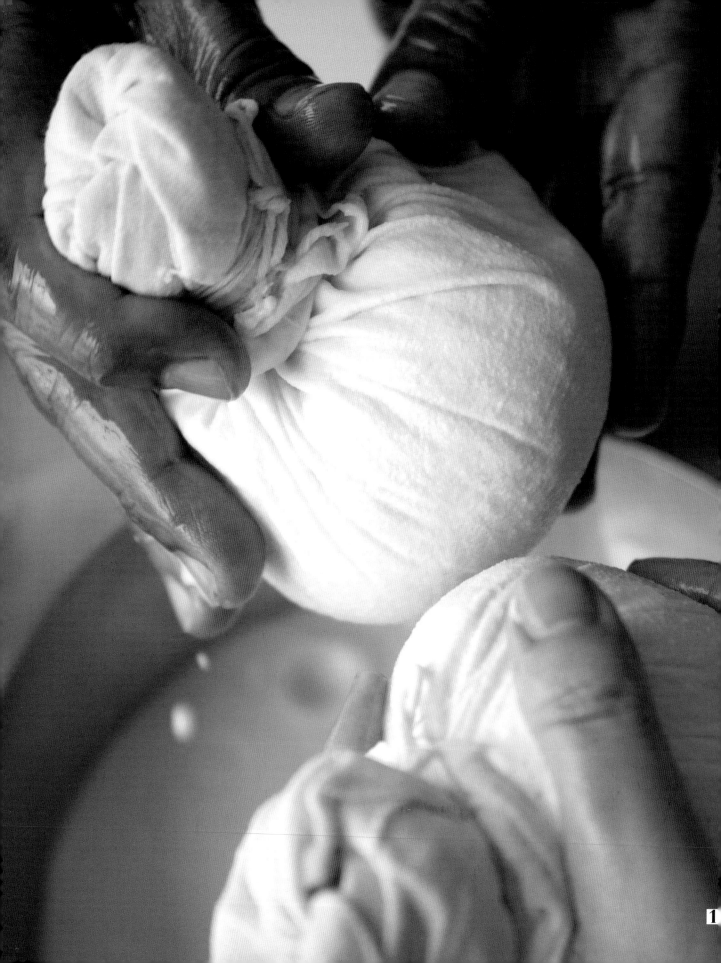

# Exquis pochons
## de riz au lait

*Une technique d'une totale gourmandise,
qui distille les bienfaits de la douce
chaleur des pochons imbibés de lait – bio,
vaches sacrées obligent !*

**LA FÉMINITÉ
MAGNIFIÉE**

**LES RITUELS
AYURVÉDIQUES**
baignent dans un océan
de sensualité, dont
les femmes sont
le centre. Dans toutes
les civilisations, les
femmes sont en
recherche de leur propre
épanouissement.
Mais en Occident,
tout est à réapprendre.
Le massage procure
un ressenti profond,
non seulement de
son corps, mais de sa
propre vie. Illustration
spectaculaire, le
massage préparatoire
au mariage et à la
conception. Fleurs,
sels, curcuma, yaourt
et plumes de paon
sont successivement
sollicités dans ce
protocole sophistiqué
pour éveiller le corps
interne. Bien au-delà
d'une recherche
de sensation sensuelle
ou de vibration sexuelle,
une vraie découverte
de la plénitude.

**1 LA PRÉPARATION** nécessite un minimum d'organisation : le riz cuit est emmailloté dans un linge et mis à tremper dans le lait chaud.

**2 LE PASSAGE DES POCHONS** gorgés de lait donne une peau très douce et aide à délier les articulations – où des blocages interviennent souvent – en leur redonnant la souplesse.

**3 LE DOS** est totalement détendu, grâce à des pressions à deux ou à quatre mains.

**4 LES REINS** sollicitent aussi l'apaisement : tiédeur et pressions douces parachèvent l'œuvre.

**5 LE RÉFLEXE RÉFLEXOLOGIE** la plante du pied n'est pas exclue de ce très exquis régime de faveur.

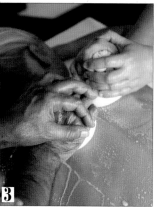

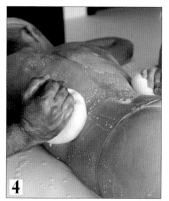

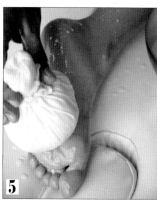

# Automassage
# transfigurer le quotidien

*Une façon de s'approprier le massage au jour
le jour, de préférence après la douche du matin
pour garder les bienfaits des huiles.
Cinq minutes par jour ou bien plus si disponibilité !*

Quelques gouttes d'huile de moutarde dans la main gauche, de l'annulaire droit et douze petits cercles dans le nombril et dans le sens des aiguilles d'une montre. Le rituel complet consiste à poser quelques gouttes d'huiles sur les ongles des mains et des pieds, une goutte dans chaque oreille, dans chaque narine, au sommet de la tête et entre les sourcils, sur le plexus et le cœur, sur toutes les articulations en terminant par les épaules. Avec un peu plus de temps, un peu d'huile de sésame tiède et beaucoup d'écoute de soi.

**1 ASSISE** la cheville droite sur la cuisse gauche, on masse la plante du pied, en faisant le plus possible appel à son instinct. Malaxer ses orteils, faire des rotations de cheville, enfoncer ses doigts dans les malléoles.

**2 ON REMONTE** des chevilles jusqu'aux genoux puis à l'aine. Même chose de l'autre côté, toujours en huilant généreusement.

**3 ON PASSE À LA MAIN** Ensuite, le ventre, le sternum, la poitrine, toujours dans le sens des aiguilles d'une montre – puis le dos (assouplissement garanti).

**4 BOUQUET FINAL** le cou et la tête. C'est un massage intuitif où l'on se laisse guider par ses sensations.

**UN BONHEUR...
À PARTAGER**

Si l'automassage ayurvédique est un très beau cadeau à s'offrir, faire passer le message est aussi une bonne idée. En Inde, le massage est une autre forme de communication à part entière : le massage de la tête est très conseillé entre belle-mère et belle-fille – c'est apparemment souverain pour créer ou préserver l'harmonie.

# Japon

**5**

# Michel Odoul

Fondateur de l'Institut français
de shiatsu et de psychologie corporelle

*La pratique de l'aïkido l'a conduit au shiatsu :*
*Michel Odoul enseigne cette discipline depuis*
*1986 et crée, en 1996, sa propre école. Spécialiste*
*reconnu internationalement, il décrypte,*
*en écho aux démonstrations de Bertrand Caillet,*
*formateur à l'Institut, cette approche*
*qui a changé sa vision du monde.*

# dans le lâcher-prise... "Tout se transmet

**DEUXIÈME MÉDECINE OFFICIELLE AU JAPON, LE SHIATSU OU "PRESSION DES DOIGTS"** n'est pas un massage au sens propre de pétrissage et de glissements. C'est un travail qui s'articule autour de pressions sur les méridiens et les points d'acupuncture. Le ministère de la Santé japonais le définit comme "une forme de manipulation qui utilise les pouces et les paumes des mains, sans aucun instrument mécanique, qui applique une pression sur la peau humaine, pour corriger le mauvais fonctionnement interne, favoriser et maintenir la santé et traiter les maladies spécifiques". Au Japon, les premières traces de Kampo datent de 1200 après notre ère. On le pratiquait pour soulager les samouraïs ou les guerriers fatigués et blessés. Ce n'est qu'au XVIIIe siècle, lorsque le Japon a rouvert ses frontières, que l'on a découvert que le Kampo avait évolué et était devenu le Anma (ou Amma), technique pratiquée principalement par les aveugles (les deux noms sont synonymes). Ce n'est pas dans un souci de pudeur, mais parce que leur sens du toucher est exceptionnellement développé : pour perfectionner certaines techniques, nos élèves travaillent encore les yeux bandés. **Cette technique corporelle** s'appuie sur les fondamentaux de la médecine chinoise. Selon la tradition, l'équilibre de la vie appelé "état de santé", dépend de la bonne circulation des flux vitaux à travers les méridiens d'acupuncture. L'idée du shiatsu est que la zone endolorie n'est pas forcément responsable de la douleur et ne sera donc pas traitée par un shiatsu localisé. Ce mal marque un déséquilibre dans la libre circulation des flux vitaux. Le praticien ne pétrit pas la zone pour la détendre. **On peut libérer un mal de dos en appuyant sur la cheville !**

*Namikoshi, son père fondateur, écrivait : "Le shiatsu donnera*
*une vitalité nouvelle à l'employé de bureau et stimulera en lui l'esprit*
*d'entreprise dont il ne se serait jamais cru capable. Il permettra*
*à l'enseignant de transformer des cancres en élèves très doués*
*et à l'épouse d'avoir un mari heureux et en bonne santé".*

# Absolue
## détente

*Pour une appréhension parfaite des bienfaits du shiatsu, un protocole d'apaisement qui apporte le sourire à l'ensemble du corps.*

**1** **PRESSION LOMBAIRE** libère toute la zone des tensions.

**2** **DÉTENTE DORSALE** le moment de laisser partir tout le poids accumulé, causé par le stress et les soucis de tous ordres.

**En shiatsu, la pression n'est pas quantifiable :** elle dépend de la personne et de son niveau d'énergie. Le seuil reste le moment où la douleur n'est plus supportable : il y a une nuance entre la "bonne douleur" – celle qui va libérer quelque chose – et celle qui devient désagréable et inconfortable et qui va précipiter l'arrêt : le but n'est pas de faire souffrir. La seule norme est le ressenti de celui qui reçoit. Le praticien doit adapter son geste à la respiration du patient, la pression doit toujours s'appliquer sur le temps de l'expiration de manière souple, alors que sur l'inspiration, le geste se fait plus dur.

### L'AVIS DE L'EXPERT

Le shiatsu de confort se pratique sur un patient habillé, le shiatsu thérapeutique sur un patient en sous-vêtements. Comme en acupuncture, le métal doit être proscrit pour le bon déroulement d'une séance : on retire les bijoux... et aussi les soutiens-gorge à armature !

# Antidote
## au stress

*Pour marier les approches orientale et occidentale, on propose aujourd'hui des cours d'endocrinologie, de physiopathologie, d'anatomie ou encore de neurologie adaptés au shiatsu...*

**1 LA CLÉ DU BON SOMMEIL** un effet magique pour des nuits apaisées.

**2 VILAINE LA MIGRAINE** Un remède souverain contre les céphalées : l'étang du vent et la "résidence du vent", sur l'arête et au creux de l'os occipital, s'ouvre index joints puis doucement écartés.

**3 DÉTENTE DU FRONT** la main posée sur l'avant de l'oreille, les pouces travaillent sur le Yang blanc , le point de la "tête claire":

**4 DÉTENTE DE LA ZONE DES TEMPES** le geste se prolonge pour lisser et chasser les mauvaises ondes !

### L'AVIS DE L'EXPERT

Le shiatsu peut traiter tous les petits tracas du quotidien et pallier les grandes tensions du monde moderne. Les techniques ancestrales du shiatsu sont aussi efficaces pour soulager les problèmes respiratoires, les difficultés à digérer ou encore les troubles du sommeil ou liés au stress.

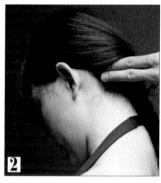

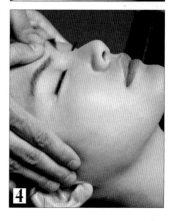

# La clé
# de la sérénité

*Au Japon, on ne plaisante pas avec le relâchement :*
*la pression se fait tellement forte sur la main*
*que le patient peut mettre une journée entière*
*avant de pouvoir tenir un verre d'eau !*

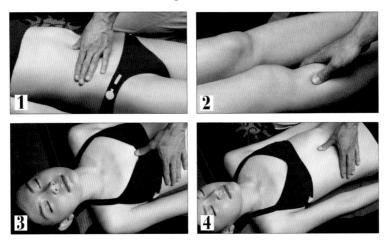

**1** **BONNE DIGESTION** La localisation du point 12VC apparaît pour une fois parfaitement plausible pour un esprit occidental et cartésien, mais…

**2** **POINT COMPLÉMENTAIRE** Il va parachever l'effet gastrique. Le RP, se situe sur le tibia. Il est au carrefour des méridiens yin et traite tous les problèmes liés au ventre – de la colite à la constipation, des problèmes gastriques à la rate. Ce point est en revanche à éviter lorsque l'on attend un bébé.

**3** **POINT DES OPPRESSIONS: ON PART DU PLEXUS CARDIAQUE** qui va ouvrir la zone du diaphragme et aider à relâcher la respiration – pour une détente en profondeur…

**4** **JUSQU'AU PLEXUS SOLAIRE** pour aller au bout du processus.

## LE SECRET DU LÉGENDAIRE POINT 4GI

On appelle point du "lâcher-prise" la technique qui sert à libérer du stress. Ce fameux point, on peut parfaitement le pratiquer en automassage, dans le sens des aiguilles d'une montre, trois fois de suite – et même plusieurs fois dans la journée ! Parfait pour arriver sereine à un rendez-vous stressant.

# La confiance
## en conscience

*Le trio gagnant de la confiance : le plexus,
le poignet et la cheville. Le point du "coup de fatigue"
se pratique au niveau du genou. Anti-déprime,
le point du "ressassement" se trouve sous la cheville.*

**1 EN CHEVILLE AVEC SOI-MÊME** reprendre confiance en soi passe par des méridiens et un point facilement accessible en automassage. Cela tombe d'autant mieux que c'est un point qui doit se travailler sur le long terme !

**2 UNE REPRISE EN MAIN** grâce au point complémentaire du poignet.

**3 MÉMOIRE ET CONCENTRATION** excellent pour un petit coup de pompe dans la journée, mais à éviter après 16 h. D'abord à droite, puis à gauche, toujours une trentaine de secondes à cinq travers de doigts sous le genou à l'extérieur du tibia.

**4 LA TOUCHE ULTIME** en parfaite complémentarité, il fait écho au point précédent dont il renforce l'action.

## L'AVIS DE L'EXPERT

Le mental ne doit pas se focaliser sur une attente, sur une norme ou une forme. Le but ne doit pas être déterminant. La personne qui reçoit doit être neutre et disponible et le praticien sans intention. Le psychisme conscient et volontaire risque de durcir le geste. Le seul centre d'attention doit rester la respiration. On ne se préoccupe pas du point d'impact (zone d'appui), ce qui se transmet, c'est dans le relâchement, en réalisant un geste qui doit aller jusqu'à son accomplissement, en terme de pression mais aussi de durée.

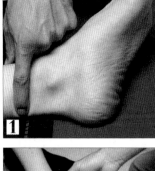

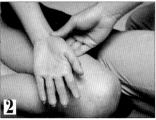

# ANMA: SHIATSU ASSIS

# Il fait le siège.
## des entreprises

*Quinze à vingt minutes de "travail" sur cette chaise spécialement étudiée, et adieu les tensions dorsales, les coups de pompe ou les petites migraines.*

## ANMA ÉGALE MASSAGE EN JAPONAIS

C'est dans les années 80 qu'a commencé à fleurir cette pratique, notamment aux États-Unis, où la première école est fondée par David Palmer qui, sous l'impulsion de son maître Takashi Nakamura, fonde et dirige l'Amma Institute of Traditional Japanese Massage.

Le shiatsu assis s'adresse à tous. Toujours plus vite, toujours plus performant, pas le temps de s'occuper de soi : les maîtres mots de notre société conduisent rapidement au stress et à l'épuisement. Le shiatsu assis offre la possibilité à toute personne ressentant des tensions, de la fatigue ou des passages à vide, de retrouver du tonus, d'être plus "productif" tout en étant relaxé et en ayant une sensation de bien-être. Les obstacles éventuels, tels que le manque de temps, le manque d'argent ou les tabous liés au toucher n'ont plus lieu d'être : un quart d'heure se bloque aisément dans un emploi du temps et il peut se pratiquer à la vue de tous. On le trouve de plus en plus dans des endroits comme les halls de gare ou d'aéroport, le métro ou les manifestations sportives.

De nombreuses sociétés et autres comités d'entreprise, médecins du travail y font appel, et même lors de grands tournois de golf, afin de détendre les joueurs durant la compétition.

**L'AVIS DE L'EXPERT**
Le shiatsu assis est structuré en "pressions" et "relâchers" sur le crâne, la nuque, le dos, les hanches, les bras et les mains d'une personne en position assise. Il dure environ 15 minutes et peut se pratiquer habillé, donc dans un lieu public, à l'inverse du shiatsu thérapeutique, qui se pratique en séances individuelles.

*Le point de détente de la tête.*

## *15 minutes d'évasion,* détachez vos ceintures

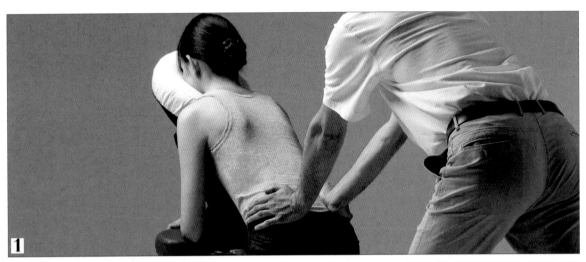

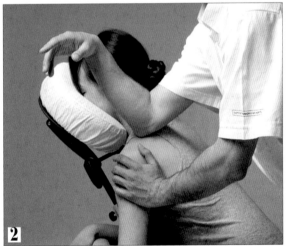

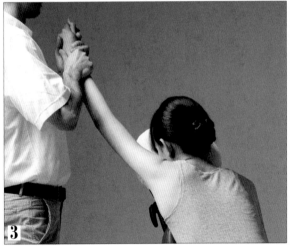

Il favorise le relâchement du système nerveux et réduit le stress tout en offrant une amélioration de la circulation énergétique dans les méridiens d'énergie connus au travers de l'acupuncture. Lorsque le toucher est de qualité, un sentiment de bien-être, d'apaisement et de sécurité irradie.

**Son action n'a pas de visée thérapeutique spécifique, il s'agit plutôt d'une aide à la détente et à la relaxation.** Il n'est pas nécessaire d'attendre d'avoir mal pour en bénéficier : il suffit simplement d'avoir envie de retrouver la forme ou de conserver un bon niveau de santé général.

# Une jolie façon de *se laisser aller*… en public

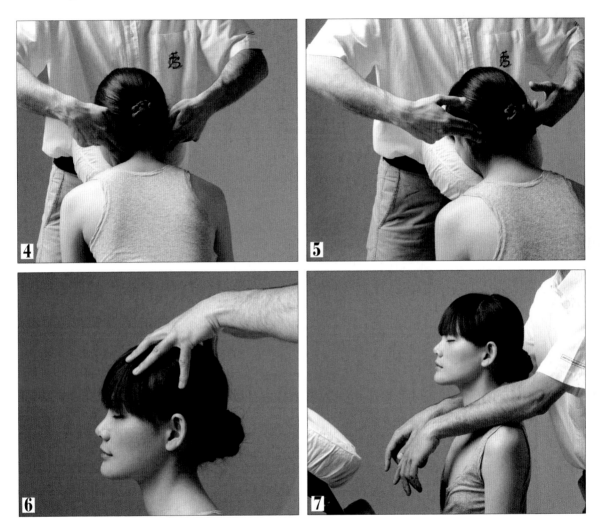

1. **Plein le dos ? Les lombaires,** point d'entrée de la prise en main. 2. **Détente du trapèze** avec le coude. 3. **Le bras** en étirement. 4. **Bonne prise de tête** le geste qui va soulager les migraines. 5. **Caché derrière l'oreille,** le geste d'apaisement de la vésicule biliaire. 6. **Plus mal au cheveux** la manipulation magique du cuir chevelu. 7. **Les épaules dégagées des tensions** grâce à la pression des avant-bras.

ASIE ÉTHIQUE

6

Thaï, Corée, Chine

# Éric Coiho Bah
## Maxam

*Éric Coiho Bah, diplômé de médecine manuelle chinoise – il a exercé à Shanghaï – formé au massage thaï version Old Hospital de Chiang Maï et à l'ayurvédique, pratique le yoga et la méditation au quotidien. Une approche globale, enseignée dans son institut, école de massage reconnue, et qu'il nous fait partager.*

# "Le Nuad Borarn de Chiang Maï: du grand thaï"

**Le thaï traditionnel,** *Nuad Borarn*, débloque les tensions et efface la fatigue en permettant une meilleure circulation de l'énergie dans le corps. Les Thaïlandais y ont recours, à la manière de la médecine ayurvédique, y compris à l'hôpital, pour soulager les douleurs et même traiter les maladies. Mais dans l'approche occidentale, c'est la recherche du bien-être et de l'épanouissement qui domine.

## Aïe le thaï ?
Au début, les manipulations peuvent faire un peu mal : pour la médecine chinoise, la douleur est une stagnation d'énergie ou de sang (hématome) ou de liquide organique (œdème). Plus on se fait masser, moins on souffre – parce que tout cela se résorbe.

Même s'il est d'origine indienne, le thaïlandais se différencie de l'approche ayurvédique parce qu'il se pratique habillé – la pudeur est sauve – dans un souple pyjama traditionnel où l'on est d'emblée en condition de détente, alors que l'Ayurvéda a recours aux huiles qui oignent généreusement la peau – et les cheveux.

À base de pressions appuyées, de mobilisations et d'étirements – parfois spectaculaires –, il permet de se recharger, d'améliorer sa souplesse et de lâcher prise. C'est une approche forte, où le corps est réellement mis en mouvement. On l'appelle le yoga des paresseux, les postures (asanas) étant réalisées avec la très active contribution du praticien !

*Une sérénité inspirée du bouddhisme thaï, où massage et spiritualité sont intimement liés... Une version du lotus, en position birmane, talon vers le périnée. Le corps stabilisé, le mental apaisé, les épaules dégagées, on ouvre la poitrine et le bassin, on redresse la colonne – et on facilite l'amplitude respiratoire. Posture yoga équivalente : Siddhasana (posture parfaite : asana = posture)*

# Haut les jambes

*Un afflux sanguin bénéfique qui irrigue parfaitement le cerveau ! Les postures inversées (tête en bas) dissipent les stases veineuses, décrassent l'organisme, régularisent les fonctions des glandes endocrines et la thyroïde.*

## Assouplir *hanches* et *lombaires*…

**1 LE TIRE-BOUCHON** Le masseur soulève les jambes à la verticale, en plie une, cale la cheville contre la jambe opposée, au-dessus du genou. Puis il effectue des pressions avec le coude sur 6 points de la plante des pieds (3 secondes) puis 3 percussions avec le poing sur le talon, sur toute la face postérieure de la jambe tendue. Assouplit les hanches et le bas du dos, allonge la chaîne postérieure de la jambe.

**2 LA GRENOUILLE** Le masseur ramène les pieds devant lui en faisant se toucher les plantes et les pousse en direction du front – jusqu'à le toucher si l'on est très souple (5 secondes), puis relâche et on va un peu plus loin (trois fois en tout). Assouplit la colonne et les hanches et améliore le fonctionnement des reins. *Yoga: Dvi Pada Shirsasana.*

**3 LE PONT** Le masseur pose ses pieds au niveau des fesses, la plante des pieds sur ses genoux à lui, bascule en arrière comme s'il voulait s'asseoir et fait donc un effet levier en tirant les genoux (10 secondes, une fois). Étire les quadriceps (muscles antérieurs de la cuisse) avec un double effet tonique musculaire et soulagement des lombaires, améliore la mobilité de la colonne, préserve jeunesse et vitalité. *Yoga : Setu Bandhasana.*

**RELAXE NORD-SUD**

Il existe deux écoles : celle du Sud – Wat Po – et celle du Nord, du « vieil hôpital » de Chang Mai. La principale différence entre les deux écoles est la durée du massage. La version intégrale du Nord dure trois heures, avec beaucoup plus d'étirements que dans la version du Sud. Et quand, au Sud, on touche trois points d'énergie sur la demi jambe, au Nord, on parcourt toute la ligne sur la circulation… Dans la tradition du Nord, on part toujours de l'extrémité vers le centre – puis retour. Autre particularité : on prend en compte la différence des circulations d'énergie en fonction du sexe. On commence par le côté gauche pour masser une femme, et par le côté droit quand il s'agit d'un homme.

3

# La beauté
## à bras le corps

*Muscles étirés, irrigation sanguine améliorée,
poignets assouplis : pétrissages, pressions, torsions
et tout l'organisme est régénéré.*

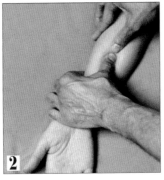

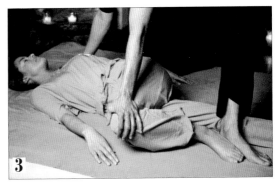

### L'AVIS DE L'EXPERT

**Côté pressions,** l'école du Sud procède, pouce sur pouce, c'est un massage assez «anguleux». Il se fait en deux à trois points de pression sur les lignes d'énergie. Dans le style du Nord, le massage est plus en "rondeur", les pouces progressent l'un après l'autre sur toute la ligne d'énergie, celle des méridiens, point par point – et se prolonge au moins sur 1 h 30 à 2 heures. Tout au long du protocole, la façon de faire les pressions fait appel à toutes les ressources du corps du praticien : pouce, tranchant de la main, avant-bras, coude, genou, pied… **Les étirements travaillent l'assouplissement,** ils favorisent la circulation énergétique dans les muscles, sur les articulations.

**1 PÉTRISSAGE DU TRICEPS.** Le triceps est massé en extension, coude plié, main posée à plat sur le matelas, les doigts en direction de l'épaule – du coude à l'aisselle, puis retour (1 fois), puis un aller-retour en percussion avec le poing. On ramène le bras le long du corps avant de passer à l'autre bras.

**2 PRESSION SUR LE BRAS.** Les bras ouverts en croix, la face interne vers le haut, on commence par un étirement au niveau du poignet et de l'épaule, pressions avec les paumes puis avec les pouces en aller-retour, puis compression de l'artère brachiale (30 secondes). Provoque un afflux de sang neuf qui chasse le sang stagnant et les toxines des tissus. Paumes vers le sol, on passe à la masse externe, puis aux mains. Enlève les tensions de toute la musculature du bras. Favorise la circulation énergétique.

**3 TORSION DE LA COLONNE.** Une épaule sur le futon, genou au contact du sol, on travaille la souplesse de l'ensemble du dos pour améliorer la mobilité de la structure vertébrale, on étire les fessiers et les muscles de la face externe de la jambe pliée. Une fois (10 secondes). Assouplit l'articulation de la hanche et rajeunit en beauté, efface les courbatures, tonifie, évite la sacralisation de la 5e lombaire et prévient les lumbagos. Stimule les surrénales, tonifie les viscères, combat la constipation et l'embonpoint.

# Le visage
## de la sérénité

*Une technique qui fait partie intégrante du protocole et permet de faire face à toutes les contrariétés. Apaise le mental, détend les angoisses, rien de mieux pour détendre les traits.*

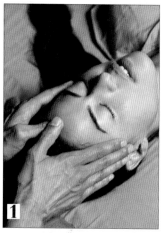

**1 MASSAGE DU FRONT** On effectue les points de pression sur cinq lignes horizontales, en partant du centre vers les tempes. Lisse les traits du visage et chasse les pensées parasites.

**2 MASSAGE DES OREILLES** On masse entre le pouce et l'index le pavillon de l'oreille en allers-retours. Apporte la détente : le corps entier est représenté dans l'oreille sous la forme d'un fœtus inversé. Par voie réflexe, le massage des oreilles bénéficie à la circulation énergétique dans son ensemble.

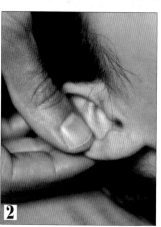

**3 MASSAGE DU CUIR CHEVELU** On mobilise le cuir chevelu avec la pulpe des doigts comme pour un shampooing. Apporte la détente. Stimule la beauté des cheveux par une meilleure irrigation du cuir chevelu et en prévention de la chute des cheveux.

## LA BONNE POSOLOGIE

**Dans un monde idéal, le massage serait quotidien.** Au bout de cinq jours, on se sent déjà dans un état second. Il y a cependant un double problème, de temps… et de prix. Une fois par semaine, c'est déjà du domaine du rêve, mais il faudrait éviter de laisser passer un mois sans se faire masser. Le mieux est de commencer par une cure une fois par semaine pendant six semaines puis de prendre un rythme d'une fois par mois.

1

# Flexions
## arrière toute !

*Souplesse = jeunesse. L'étirement vide le muscle de son sang et son retour à la taille normale provoque un afflux de sang frais qui le détoxique et le nourrit. Un corps débarrassé des toxines et correctement irrigué et nourri préserve sa jeunesse.*

## ... *unilatérales* au niveau des jambes

**1 LA DEMIE-SAUTERELLE CROISÉE** À plat ventre, un pied calé dans le creux du genou de la jambe opposée, le masseur, un genou posé au niveau des lombaires, tire la jambe pliée vers lui 3 secondes (trois fois en tout). Renforce la ceinture lombaire et étire les quadriceps et le psoas iliaque, par une pression plus marquée au niveau des lombaires. Compression de l'abdomen et stimulation des reins.

**2 DEMIE-SAUTERELLE LATÉRALE, GENOU FLÉCHI** Allongée sur le côté, le praticien tire vers lui la jambe pliée, ce qui étire puissamment les muscles antérieurs de la cuisse et les fléchisseurs de la hanche et renforce les lombaires : on maintient la posture 3 secondes (trois fois en tout). Soulage les lombaires et ouvre la poitrine. Stimule les reins par pression – effet diurétique et filtre.

**3 DEMIE-SAUTERELLE LATÉRALE JAMBE TENDUE** Le praticien, debout, étire en douceur les muscles antérieurs de la cuisse mais aussi les abducteurs, tout en soutenant les lombaires et le muscle qui s'attache sur les lombaires, le psoas iliaque (facilement engorgé) : on maintient la posture 3 secondes (trois fois en tout). Détend les muscles latéraux. *Yoga : Ardha Shalabasana.*

# THAÏ: SOUPLESSE & JEUNESSE

## Flexions *arrière* (bilatérales) au niveau des *épaules* et des *bras*

**1 LE COBRA** Le masseur pose les genoux sous les fesses, attrape les poignets en basculant son corps vers l'arrière et tire sur les bras et maintient la posture 5 à 6 secondes, puis ramène les épaules au sol en position de repos (trois fois en tout). Amène tout le dos en flexion arrière, assouplit et ouvre la poitrine – prévention globale des maux de dos: en inversant la courbure dorsale, elle lutte contre l'allure voûtée. Relâche toute la musculature de la gouttière de la colonne vertébrale. Favorise l'irrigation de la moelle épinière. Régule l'activité du système nerveux sympathique dont des ganglions longent la colonne vertébrale. Améliore le système digestif par compression et étirement de l'abdomen. Comprime les reins et y favorise l'afflux de sang frais juste après la posture. Ouvre la poitrine, déploie les poumons et favorise la respiration. *Yoga: Bhujangasana.*

**2 L'ARC** À plat ventre, les jambes pliées, le praticien s'assoit sur la plante des pieds, pose les bras sur ses cuisses, attrape les épaules et tire vers lui dans la limite de sa capacité à fléchir en arrière et maintient 5 à 6 secondes, puis ramène les épaules au sol en position de repos (trois fois en tout). Dans l'axe du corps, un mouvement de flexion qui va assouplir et redresser le dos "arrondi" et ouvrir la poitrine – avec un bon levier pour le masseur. Tonifie les viscères, décongestionne le foie et lutte contre l'embonpoint. *Yoga: Dhanurasana.*

# Une bonne assise !

*Le final, avec retour progressif à la verticalité,*
*réveille le corps après la détente.*

**1 MISE EN POSITION ASSISE.** Le masseur attrape les jambes, les soulève et les croise. Ensuite il les bloque avec ses propres jambes, attrape les poignets et tire vers lui et maintient la posture 5 à 6 secondes, puis relâche pour ramener les épaules au sol, jambes toujours croisées (trois fois en tout). Il termine en ramenant en position assise en tailleur. Ouverture des hanches avec un travail au niveau des abducteurs, la mise en position assise et flexion avant en tailleur. Étirement de la colonne dans sa verticalité. Étire la moelle épinière. Assouplit les articulations des hanches.

**2 OUVERTURE DE LA POITRINE.** En position assise, jambes croisées, le masseur a les genoux de part et d'autre de la colonne, dans le dos, les doigts croisés sur la nuque. Il tire les bras au niveau du coude et maintient la posture 5 à 6 secondes, puis monte les genoux d'un cran le long du dos pour recommencer (trois fois en tout). La poitrine s'ouvre, favorisant une meilleure oxygénation grâce à un étirement des épaules vers l'arrière.

**3 L'EMBRASSADE.** Assise en tailleur, bras croisés, le masseur, genoux de part et d'autre de la colonne, attrape les poignets, et tire sur les bras en maintenant la traction 3 secondes, puis relâche et monte les genoux à chaque fois d'un cran (trois fois en tout). Assouplit le dos. Libère des tensions dorsales par pressions des genoux du masseur de part et d'autre de la colonne. Redresse le dos. Vide les poumons par compression, chasse l'air vicié et favorise ainsi la profondeur de l'inspiration.

**4 FIN DU PROTOCOLE ET SALUT.** En Thaïlande, le masseur remercie son client. Le geste signifie clairement "Merci pour votre confiance".

# Automassage
# à ma thaï

*Oui, la plupart des gestes sont reproductibles…*
*À pratiquer chaque soir avant de se coucher, pour effacer*
*les tensions et alléger les jambes lourdes.*

**1 JE ME PRENDS PAR LA MAIN** Exercer des pressions avec le pouce dans toute la paume de la main. Puis glisser de façon appuyée dans les espaces inter-métacarpiens vers l'extrémité pour chasser les tensions. Amène la détente et décrispe les muscles et les tendons de la main.

**2 JE PRENDS MON PIED AU SÉRIEUX.** La plante des pieds est composée de zones réflexes en correspondance directe avec chaque partie du corps. En la massant, on influence à distance le fonctionnement des organes et des parties concernées – réflexologie oblige.

**3 JE ME METS EN JAMBE** Faire pression avec le coude en points serrés en aller-retour (3 secondes par pression) sur trois lignes différentes depuis le haut du genou jusqu'en haut de la cuisse. De la même façon, sur les mollets des chevilles au genou. soit avec le coude (plus accentué) soit avec le pouce (pas trop fort).

## L'AVIS DE L'EXPERT

**S'automasser oui, mais… pas masser quelqu'un d'autre, car ce sont des gestes très techniques. On apprend la façon de faire les pressions en fonction de la limite de mobilité et de la souplesse de la personne massée. Mais le praticien doit veiller à bien se placer pour ne pas se blesser, ne pas trop tirer sur son dos et se déplacer à l'économie. Il faut une trentaine de massages d'1h30, environ 45 heures, pour être à même de pratiquer.**

# Relaxation coréenne : la (bonne) vibration

*Une tradition ancienne qui se pratiquait en famille – la relaxation à la puissance mille. Par son approche très originale et parfaitement mécanique, elle est parfaitement complémentaire des autres techniques corporelles.*

## Le principe ?

Le praticien enclenche de petites vibrations, sur chaque partie du corps, selon des angles divers, des pieds vers la tête.

**Le contraire d'une onde de choc :** une onde de lâcher-prise qui fait perdre la notion du temps.

**Les vibrations,** qui prennent tout le corps, permettent de travailler sur la confiance : en se propageant, elles apportent peu à peu l'ouverture des articulations et la relaxation de la musculature.

**CETTE TECHNIQUE VA BEAUCOUP PLUS LOIN QU'UNE PRESSION :** l'envoi d'une onde permet d'atteindre les profondeurs du corps. Seul petit bémol, quand la jambe vibre : une prise de conscience très concrète de la cellulite – si l'on en a, bien sûr. Parfois un peu déstabilisant au départ – un léger inconfort qui ne dépasse pas les premières minutes : dès que le processus est enclenché, il procure une détente profonde.

**LE STRESS EST UNE INDICATION MAJEURE, COMME LE MANQUE DE SOMMEIL –** ou la difficulté à le trouver. Sur un plan psychologique, si l'on a besoin de tout contrôler, par exemple, c'est une bonne manière d'apprendre à relâcher la pression – y compris celle que l'on se met tout seul !

**Le don de l'abandon ! Apprendre la confiance dans l'autre** – on se remet entre les mains du masseur : un peu régressif, on est bercé.

Le praticien, très conscient des limites de la personne massée, doit travailler doucement, à l'écoute des messages du corps, attentif au moindre signal. Lorsque l'on sent que quelqu'un est sceptique, lorsqu'il n'y a pas du tout de lâcher-prise, il faut proposer un autre type de massage.

**Un protocole d'une heure, qui mobilise cent dix techniques :** vingt-cinq sont utilisées rien pour que les jambes, en fonction de l'angle, de la hauteur par rapport au sol, du sens des vibrations, une jambe seule, les deux rassemblées…

*Relaxation en profondeur de la musculature et ouverture des articulations.*
***Vibration du bras :*** *Le praticien attrape le poignet et imprime un mouvement perpétuel de vibrations en commençant par les jambes, avant de passer au bassin, puis au buste, aux bras et de terminer par le visage.*

# Mouvement de fond

*Tout le corps va répondre à sa façon à cette sollicitation inattendue...*

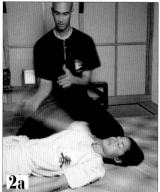

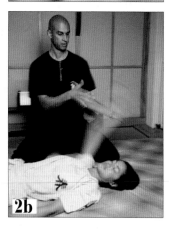

**1** **VIBRATION DE LA JAMBE** On commence par la jambe gauche, le praticien attrape le talon et effectue de petites vibrations verticales, de haut en bas, en mobilisant la jambe : on ouvre, on ferme, on monte on descend sous différents angles autour de l'axe de la hanche, toujours jambe tendue (30 à 60 secondes) et ensuite les deux jambes ensemble.

**2** **MOUVEMENT DE BALANCIER DU BRAS** Toujours allongée sur le dos, le praticien prend le bras au niveau de l'avant-bras et le fait passer rapidement d'une main à l'autre (2a et 2b) : 30 secondes pour travailler sur le lâcher-prise – il faut accepter de ne pas contrôler le mouvement.

**3** **SOULÈVEMENT ET BALANCEMENT DU BASSIN** Le praticien accroupi, on a les jambes pliées, prises sous les genoux, il soulève et opère un mouvement de balancier de gauche à droite : détente des hanches, du bassin et de la zone lombaire (15 secondes).

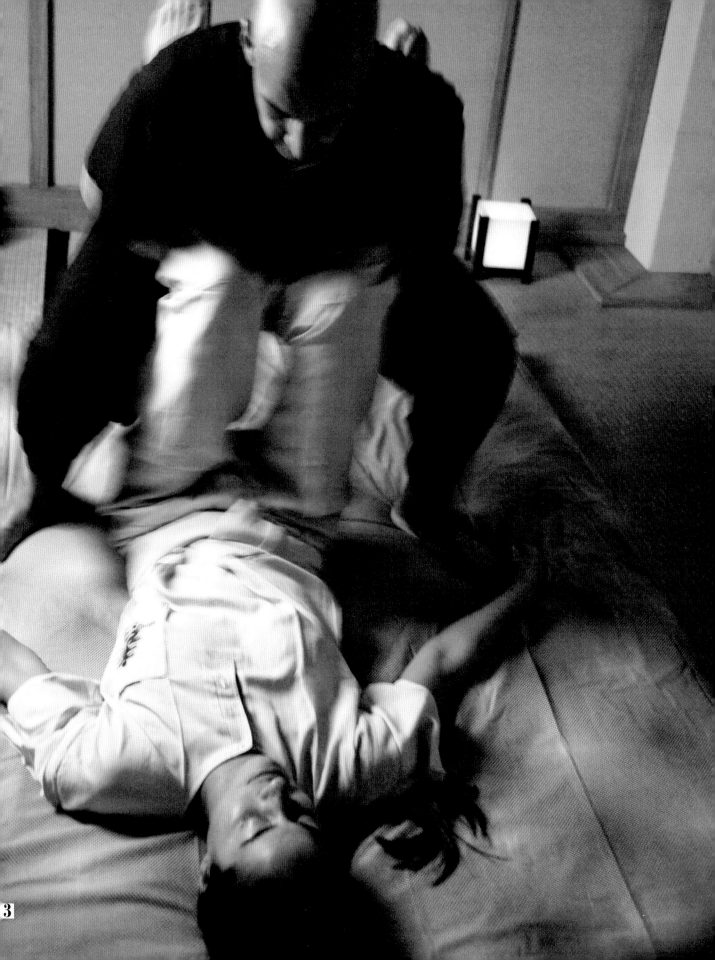

# Tui na : symphonie en dos majeur !

*Douleurs, lombalgies, dorsalgies – stress au niveau des épaules ?*
*La réponse chinoise se prononce Tui Na.*
*Un massage spécifique du dos, au rituel complexe.*

## Une grande tradition de la médecine chinoise : du dos à

l'arrière des jambes, il fait circuler l'énergie dans le méridien responsable des douleurs. Ensuite, c'est le **Tan Bo**, des pressions pratiquées en profondeur avec les pouces, toujours dans le dos, suivant le trajet d'un méridien. La technique fait appel à des gestes très particuliers. **Le Gun fa** est une rotation de la main, poignet "cassé" qui masse les grands groupes de muscles pour assouplir, réchauffer, ôter les tensions... La meilleure façon de s'entraîner consiste à être capable de réduire un sac de riz en farine de cette façon ! Et on utilise beaucoup de sacs... car ce massage est très désagréable s'il n'est pas parfaitement maitrisé. Indications : mal de dos et jambes lourdes. Durée : une heure à une heure et demie.

## Touche finale : **une ventouse** est promenée tout le long du dos pour libérer les dernières

causes de douleurs plus profondes. Les ventouses stimulent la circulation énergétique et la circulation du sang. Elles diminuent les douleurs et "chassent le froid" (une propriété bien connue de la médecine traditionnelle occidentale contre les rhinites, bronchites), réduisent les contractures et les tensions musculaires. On introduit une mèche enflammée dans le récipient, la flamme s'éteint quand il n'y a plus d'air et la ventouse appliquée, en refroidissant, produit un effet de succion – une manière spectaculaire de relancer la circulation et d'éloigner les méchantes humeurs. On peut opter pour la ventouse mobile, ou la pose de ventouse "à feu doux", que l'on laisse "prendre" – la peau aspirée gonflant spectaculairement. Les ventouses laissent des traces pendant plusieurs jours, comme des suçons. Comble du chic, certaines célébrités n'hésitent pas à exhiber leurs marques de ventouse. Le verre est utilisé pour les ventouses mobiles, le bambou pour les ventouses fixes. En Chine, comme on laisse les clients assis lorsqu'ils sont trop nombreux, la ventouse en bambou ne risque pas de se casser si elle tombe !

# Le feu et la grâce

*Après une série de pressions sur le dos et l'arrière des jambes, un protocole fumant !*

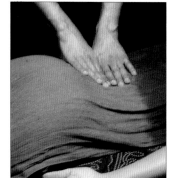

**1 TAN BO: POUCES, JE MASSE!** Après une série de pressions sur le dos et l'arrière des jambes (1 minute sur chaque point), au niveau de chaque vertèbre, sur les fesses, puis en quatre étapes sur les jambes, pli sous-fessier, creux poplité – à peine effleuré –, mi-mollet, chevilles… le masseur, sur le côté, travaille pouce sur pouce en pression sur les muscles para vertébraux de la zone lombaire, de haut en bas et retour (3 fois). On commence très doucement parce que la pression peut s'avérer douloureuse .

**2 GUN FA** Une manœuvre en flexion-extension du poignet, en pression constante, appliquée sur les groupes musculaires. On commence par les mollets (1 minute sur chaque), puis les cuisses (1 minute sur chaque) et enfin cinq minutes de chaque côté des lombaires – sur tout le dos, en évitant les cervicales, le visage, le thorax et l'abdomen.

**3 VENTOUSES: RETOUR DE FLAMME!** On glisse le long du dos à vitesse constante, verticalement, de part et d'autre de la colonne, trois aller-retour de chaque côté (entre 3 et 5 minutes). Attention : dès que le vide se fait, la ventouse accroche bien et on peut continuer jusqu'à la fin du protocole : si elle se décroche, c'est que de l'air est rentré et il faut rallumer la flamme.

## VENTOUSE MODE D'EMPLOI

**Une mèche de coton hydrophile, entortillée sur un support et trempée dans l'alcool à 90° permet d'avoir une belle flamme. Ouverture dirigée vers le bas, on entre profondément la flamme dans la ventouse pour que le bord ne chauffe surtout pas : deux à trois secondes suffisent pour faire le vide. L'habileté du geste consiste à poser immédiatement la ventouse pour que l'air n'ait pas le temps de pénétrer. Tuina minceur : la ventouse mobile fait merveille pour les cuisses et les fesses. On la déplace en lignes horizontales, puis verticales – ce qui permet la circulation énergétique (la graisse est une stagnation d'énergie), une meilleure irrigation et l'évacuation des toxines. Une technique facile à pratiquer soi-même, en mouvements glissés (3 fois le quadrillage).**

réflexo.
logie

7

# RÉFLEXOLOGIE

## David Tran
### Réflexologue

*Président Fondateur de l'Institut Franco-Chinois de Réflexologie, David Tran, alias Chan Tao-Wei ("Chemin de la Lumière"), alias Docteur Foot, auteur de la Leçon de réflexologie (Flammarion) est une sommité en matière de réflexologie plantaire… Il nous guide pas à pas, avec l'aide de son fils Laurent, sur ce chemin de délices.*

## "Des pieds bien massés, c'est une vie réussie. Ils peuvent tout, même pleurer à notre place."

## UNE SÉANCE, C'EST L'ÉQUIVALENT D'UN LIFTING !

L'apport de la réflexologie à la beauté est une évidence. Le sourire vient du pied : ce n'est pas une vue de l'esprit ! Le fait de travailler sur la circulation du sang donne bonne mine, le visage rose et détendu – les rides s'estompent ! C'est l'étymologie chinoise qui donne la clé : le pied est une partie du corps qui sauvegarde la santé. La réflexologie est un art – art de l'écoute, art de créer la confiance et de révéler des choses que l'on ne sait pas sur soi-même –, mais c'est aussi une science et une philosophie qui relie le corps à la nature. Anatomie, physiologie, points réflexes, seuil de la sensibilité à la douleur… un réflexologue doit tout maîtriser.

La médecine chinoise remonte à 5 000 ans – mais l'on découvre encore de nouveaux points pour soulager les nouvelles pathologies. Les cartographies évoluent chaque année. Le pied gauche et le pied droit ne sont pas symétriques : ils ont chacun 7 200 terminaisons nerveuses, qui correspondent à 85 points réflexes, gouvernant tous les organes, toutes les glandes, tous les systèmes, toutes les parties du corps. Mais il faut une vision d'ensemble, savoir quel est le point du foie ne suffit pas, tout fonctionne en symbiose. De force 1 à force 5 – une traversée dont le souffle, le Qi (l'énergie), passe par les mains pour arriver à bon port… mieux canalisé pour une harmonie globale et un bienfait généralisé !

*Le moment crucial de la rencontre, de la mise en confiance, où le ressenti du praticien va agir comme un scanner : un décryptage qui demande beaucoup de pratique… et une pincée d'intuition.*

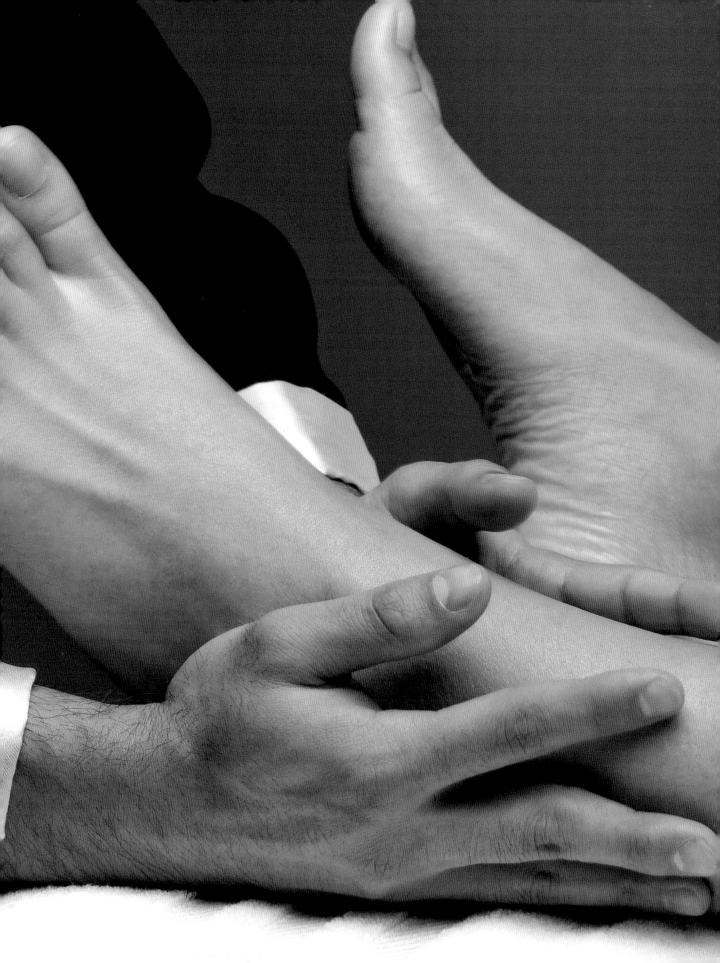

# RÉFLEXOLOGIE: ANTI-STRESS

# Sans passion, sans compassion, rien ne passe dans les mains !

**On commence par le pied gauche**, celui de l'Empereur, côté cœur – pour ouvrir l'esprit : c'est le côté Yang qui reçoit l'énergie et va la communiquer ensuite au côté droit, et c'est ainsi que le cycle s'accomplit, dans un échange énergétique avec le thérapeute. Le pied gauche est plus sensible, les toxines vont s'éliminer telles des grains de sable – alors que le pied droit sera du pur plaisir. Enfin, le côté gauche cristallise les problèmes professionnels. **Un pied, c'est le miroir du corps**, une carte d'identité à puce, le réflexologue s'en sert comme d'une télécommande ! Il avoue tout, jusqu'aux replis les plus secrets de la personnalité. Quand le pied ne répond pas… on ne répond plus de rien !

**Dans la médecine énergétique chinoise**, les cinq éléments (eau, terre, feu, bois, métal) sont nécessaires pour trouver la cause des problèmes, mais aussi pour se situer dans les cinq typologies énergétiques – de l'hyper yin (hyperémotif et introverti, sujet aux troubles hormonaux), au yin, en passant par le paisible neutre, le yang et le hyper yang (stressé et nerveux). À chaque changement de saison (printemps, été, été indien, automne, hiver)… correspond aussi ses pathologies propres.

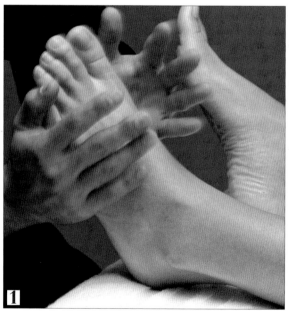
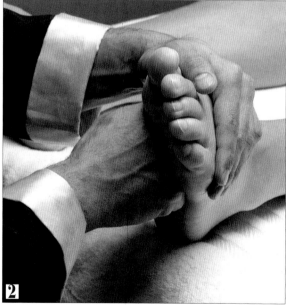

**CONTACT** 1 **Yin-Yang** : principe du pied qui dit non – à notre place ! Pour tous ceux que l'on n'ose pas prononcer dans la vraie vie. Les deux mains de chaque côté des malléoles, gestes de balancement et de va et vient d'avant en arrière et en remontant vers les orteils de gauche à droite – sans jamais perdre le contact entre mains et pieds. 2. **Pétrissage** (divin) à poing fermé (il ne faut pas croiser les bras devant le pied). Il apporte la détente et plus de souplesse au niveau des tarses et métatarses.

*Relaxée… de la tête aux pieds.*
*La disponibilité est une nécessité*
*pour que l'échange s'opère.*

# RÉFLEXOLOGIE... À LA CARTE

## Plante du pied droit

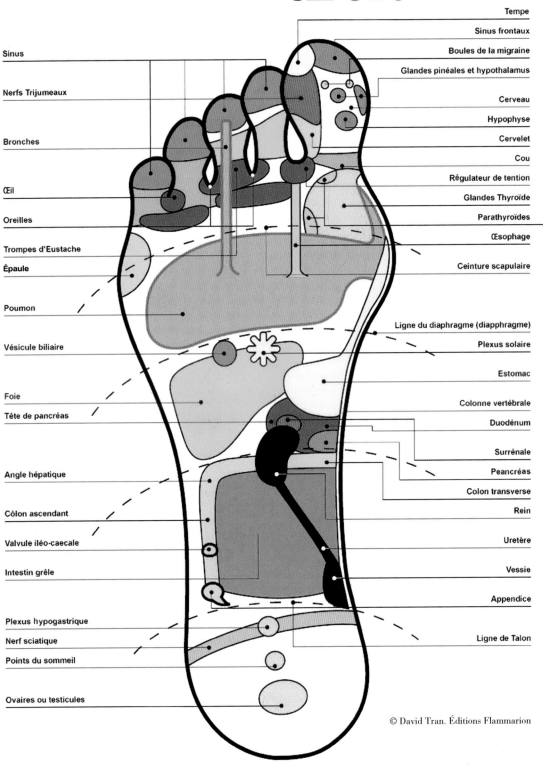

Tempe
Sinus frontaux
Boules de la migraine
Glandes pinéales et hypothalamus
Cerveau
Hypophyse
Cervelet
Cou
Régulateur de tention
Glandes Thyroïde
Parathyroïdes
Œsophage
Ceinture scapulaire
Ligne du diaphragme (diapphragme)
Plexus solaire
Estomac
Colonne vertébrale
Duodénum
Surrénale
Peancréas
Colon transverse
Rein
Uretère
Vessie
Appendice
Ligne de Talon

Sinus
Nerfs Trijumeaux
Bronches
Œil
Oreilles
Trompes d'Eustache
Épaule
Poumon
Vésicule biliaire
Foie
Tête de pancréas
Angle hépatique
Côlon ascendant
Valvule iléo-caecale
Intestin grêle
Plexus hypogastrique
Nerf sciatique
Points du sommeil
Ovaires ou testicules

# Plante du pied gauche

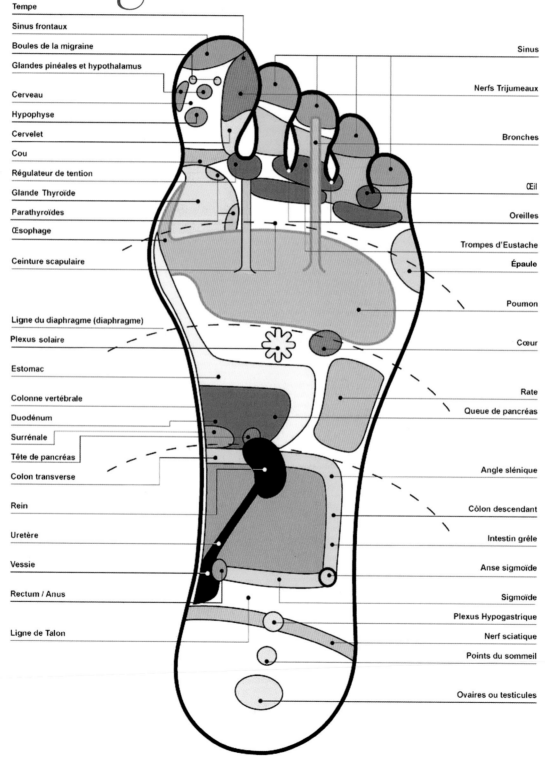

Tempe

Sinus frontaux

Boules de la migraine

Glandes pinéales et hypothalamus

Cerveau

Hypophyse

Cervelet

Cou

Régulateur de tention

Glande Thyroïde

Parathyroïdes

Œsophage

Ceinture scapulaire

Ligne du diaphragme (diaphragme)

Plexus solaire

Estomac

Colonne vertébrale

Duodénum

Surrénale

Tête de pancréas

Colon transverse

Rein

Uretère

Vessie

Rectum / Anus

Ligne de Talon

Sinus

Nerfs Trijumeaux

Bronches

Œil

Oreilles

Trompes d'Eustache

Épaule

Poumon

Cœur

Rate

Queue de pancréas

Angle slénique

Còlon descendant

Intestin grêle

Anse sigmoïde

Sigmoïde

Plexus Hypogastrique

Nerf sciatique

Points du sommeil

Ovaires ou testicules

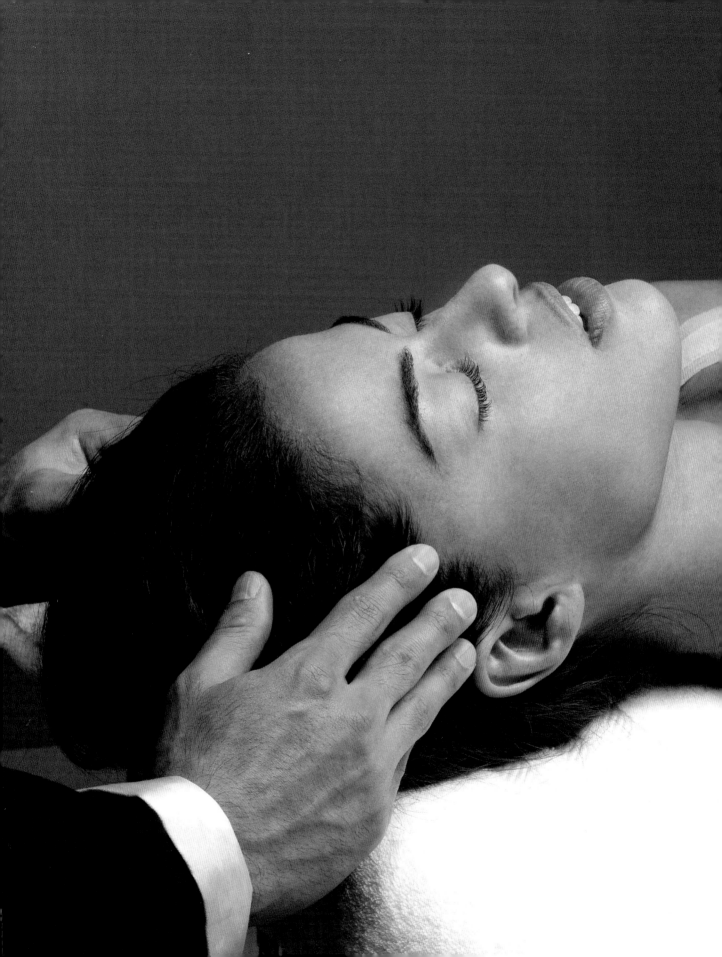

# Le voyage
# de la mémoire

*Ses protocoles mystérieux
entrent dans l'inconscient et soulèvent
toutes les émotions...*

**1** **UN TRAVAIL COMPLET SUR LA COLONNE:** on masse le bord interne du pied en remontant par reptations du talon (les **LOMBAIRES)**, vers le gros orteil (les cervicales), les deux mains en même temps.

**2** **ON PASSE AUX DORSALES** avec un changement de prise de main.

**3** **ON ARRIVE AUX CERVICALES:** à partir de là, on compte les secondes en remontant par reptations successives jusqu'au bout de l'orteil et en ajoutant une seconde à chaque fois (6 reptations = 6 secondes). On va recommencer le même chemin, mais cette fois en comptant à partir des dorsales, puis une troisième fois en comptant à partir des lombaires. Le trajet sera donc de plus en plus long.

**L'AVIS
DU RÉFLEXOLOGUE**
Sous l'extrême précision
du geste,
la carte du pied
prend en compte
le corps
dans son ensemble :
on ne peut pas
dissocier,
on n'est pas
dans un garage
où l'on traite
des pièces détachées !
Frotter l'arrière
des oreilles (photo)
redonne la sérénité.

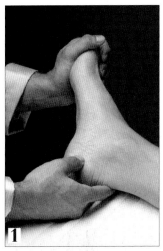
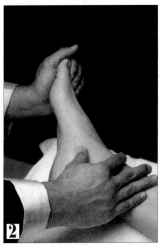
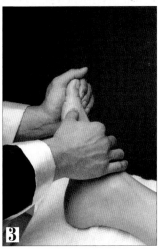

# RÉFLEXOLOGIE : ANTI-FATIGUE

# sur le Le point dos

*Toute la zone du cou, de la nuque et des épaules,
est un carrefour énergétique majeur :
il suffit de remettre la circulation dans le sens de la marche !*

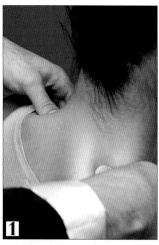

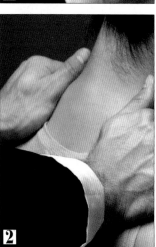

**1** **LE PUITS DE L'ÉPAULE** La porte 11, Jin Giang, où les tensions se matérialisent sous forme de boules – même principe que la boule de stress de l'orteil de la page suivante. En appuyant dessus, on chasse l'énergie vers le bas du corps.

**2** **TRAPÈZE VOLANT** On soulage le point où le port du sac à main, trop lourd ou déséquilibré, fait des ravages…

**3** **PLUS DE TENSIONS !** Vêtements trop serrés, stress ou torticolis, le geste qui sauve !

## L'AVIS DU RÉFLEXOLOGUE

On peut s'autoriser quelques gestes d'auto-réflexologie, mais cette pratique est limitée. On risque de bloquer sa propre énergie et l'on n'est pas parfaitement détendu : la meilleure position pour recevoir une séance de réflexologie est la position allongée. Je m'offre d'ailleurs une cure de réflexologie annuelle, dans un centre en Chine : au lieu d'une chambre d'hôtel, on se retrouve dans une salle de repos avec fruits et musique douce – et des réflexologues compétents se relaient toute la nuit à vos pieds – avec des pressions différentes, au fur et à mesure, on libère tout, la colère, la peur, les émotions…

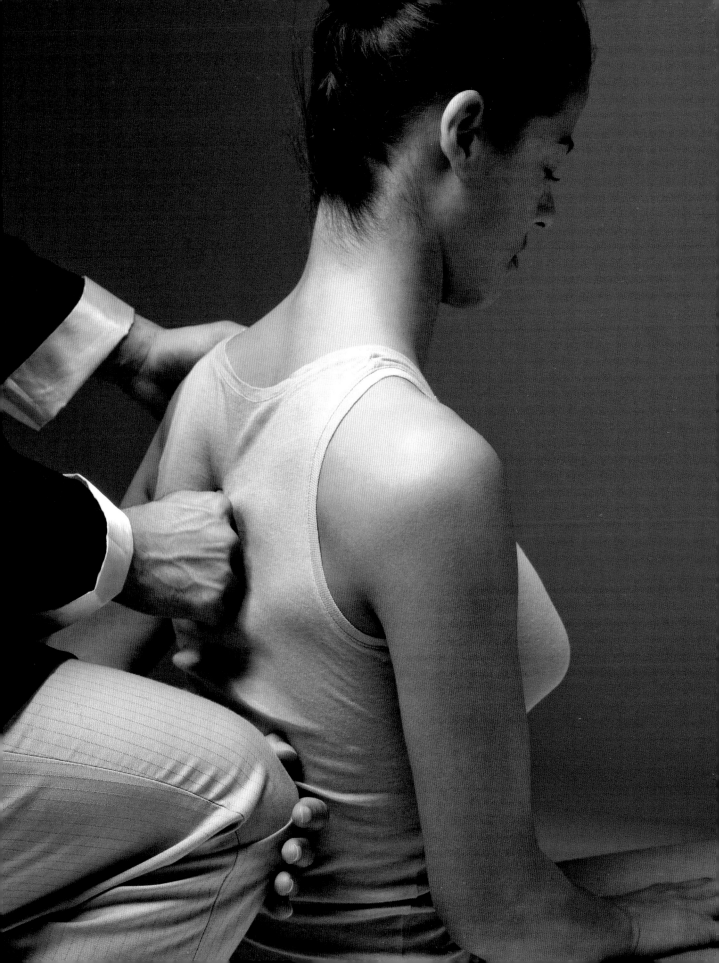

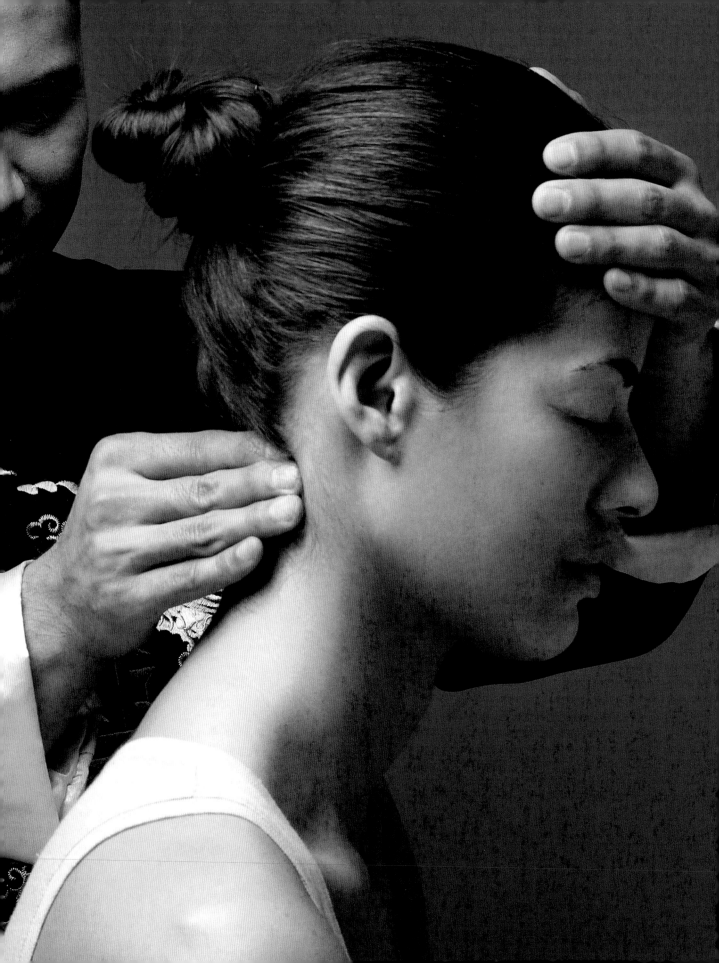

# Reprendre pied... quand les émotions sont à fleur de peau !

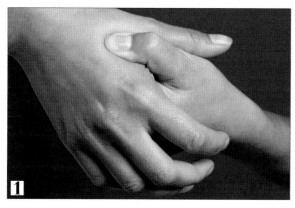

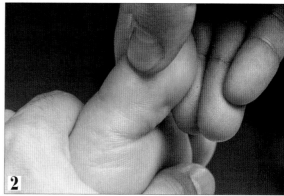

CANALISER SES ÉMOTIONS : 1. **Le point de la confiance**... et de la reprise en main : le plus célèbre point d'acupuncture, le 4GI. Pour le trouver, on dessine un V dans le prolongement de l'index et du pouce. Effet spectaculaire en auto stimulation : hop, la confiance repart ! Les autres points des mains sont moins efficaces – trop profonds, trop rapprochés. 2. **Le point du choc émotionnel** : le SSB (Symphyse Sphéno-Basilaire) est le centre de la respiration crânienne, le "poumon" du cerveau. Le masser permet d'évacuer un événement non accepté – une douleur, un deuil... ou de récupérer après un coup du lapin, en rétablissant la circulation du liquide céphalo-rachidien.

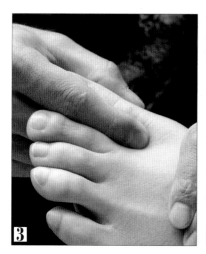

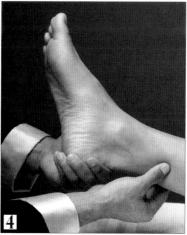

3. On traque **la boule du stress** à la base du gros orteil, on stimule avec l'index, en prévention si possible ! GÉRER LES MAUX 4. Anti **règles douloureuses** (pincement tout le long du tendon d'Achille et du mollet) à pratiquer de quelques jours à une semaine avant les règles ou en cas de douleur en cours de cycle (efficace également contre les hémorroïdes) 5. **Le geste apaisant anti-fatigue**.

*Le massage du cuir chevelu est à consommer sans modération : de la stimulation à l'apaisement, la plus positive des économies d'énergie...*

# Cure de jeunesse

*La réflexologie du visage atténue les marques du temps...*
*mais agit aussi sur la mémoire et la concentration –*
*le cerveau apprécie ces bouffées d'oxygène.*

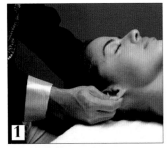

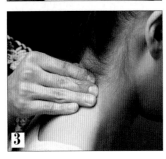

## La beauté en face...

**1** **JE ME FAIS TIRER L'OREILLE** du lobe en remontant le bord extérieur – détente et oxygénation garanties.

**2** **DE BEAUX CHEVEUX** agir à la racine : le méridien de la vésicule biliaire va faciliter la repousse.

**3** **COU DE JEUNE** La Porte 9, ou Tian Zhu ou Pilier céleste, qui correspond au méridien de la vessie, fait le lien énergétique entre la tête et le tronc. C'est là qu'il faut agir pour mieux utiliser et canaliser l'énergie, qui peut rester bloquée quand la nuque est contractée, faisant ainsi naître des signes de vieillissement.

**4** **ATTÉNUER** ridules et pattes d'oie, mais aussi apaiser en décontractant la région temporale en travaillant avec l'énergie.

**Un bon geste quotidien** : masser les points réflexes du tour des yeux, après avoir chauffé ses mains en les frottant l'une contre l'autre.

**L'AVIS DU RÉFLEXOLOGUE**

Si nos pieds se dissimulent dans les chaussures, c'est peut-être aussi parce qu'ils ont des choses à cacher : avec l'expérience, on sait tout cela d'entrée ! La façon de se tenir, de marcher, celle dont on se baisse pour retirer ses chaussures, tout a un sens. Même la façon de les ranger : les talons dirigés vers le praticien, on est sur la réserve, si ce sont les pointes, on est plus ouverte ! Dans la morphopsychologie des orteils, chacun a une signification précise : un pied ne ment jamais. En voyant un visage, je peux imaginer les pieds qui vont avec – et réciproquement !

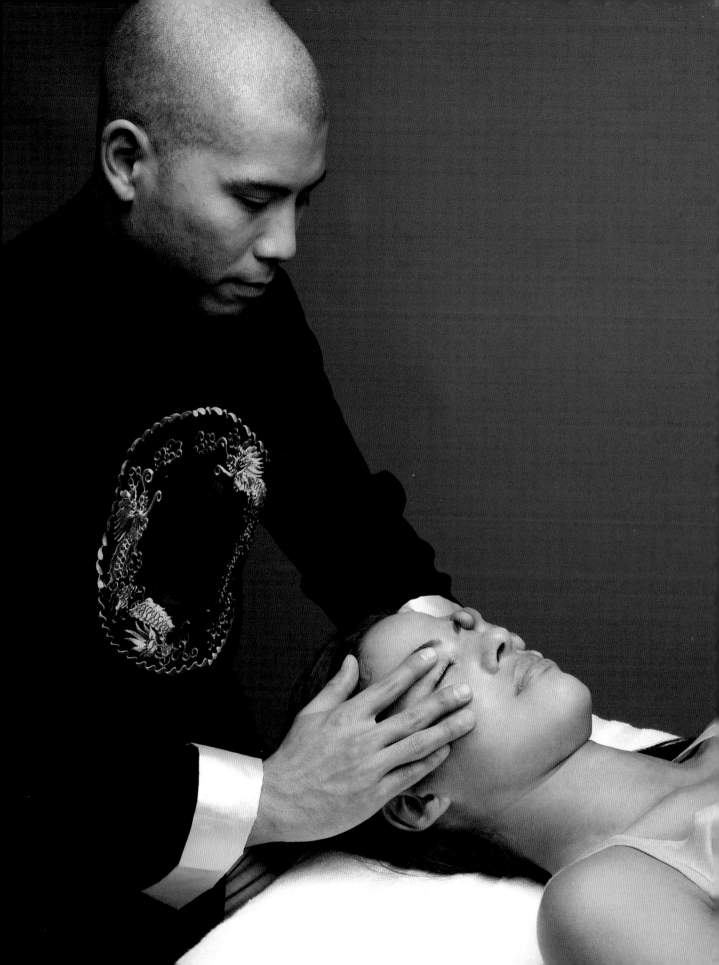

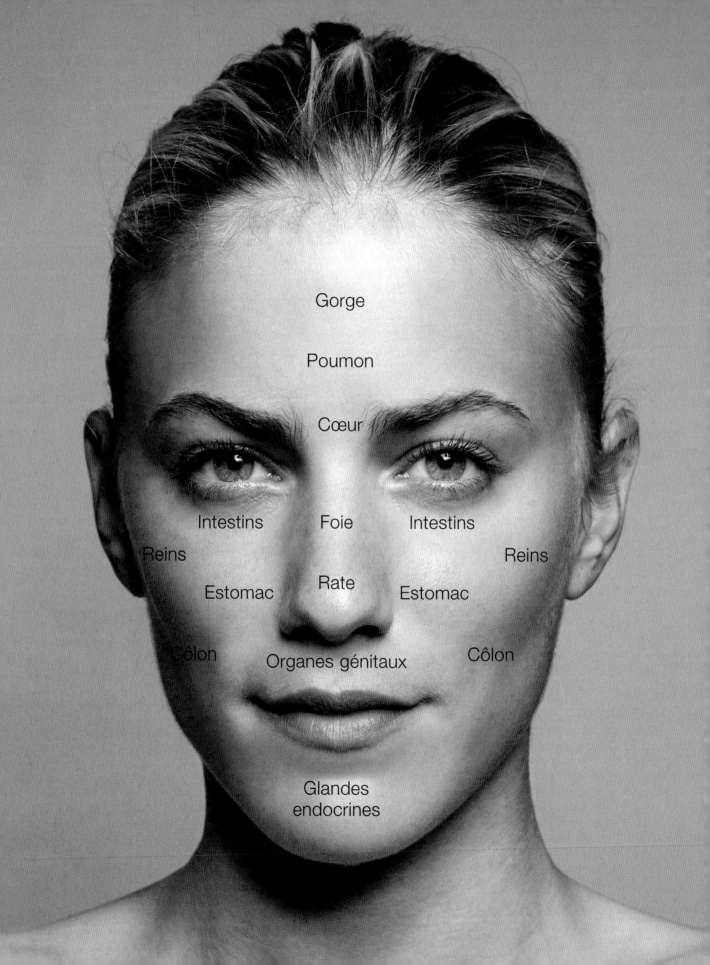

# ... et les hormones en phase

*Réoxygéner le cerveau et réactiver tout le système hormonal et endocrinien, relancer la production de mélatonine, stimuler l'hypophyse et l'hypothalamus, avec les surrénales : à qui le tour... de contrôle ?*

**1** **ON STIMULE LE SINUS FRONTAL** avec le bout de l'index.

**2** **PUIS L'ÉPIPHYSE** ou glande pinéale, qui secrète la mélatonine pour des nuits réparatrices

**3** **TECHNIQUE DU CROCHET** du bas vers le haut : le point réflexe localisé, en une pression progressive.

**4** **L'HYPOTHALAMUS** joue un rôle clé dans la régulation des fonctions endocrines, en lien avec :

**5** **L'HYPOPHYSE,** très active par son rôle stimulant sur tout le système hormonal. Les **GLANDES SURRÉNALES** parachèvent le travail en secrétant la DHEA et en contrôlant l'activité du jour – grâce à la suractive adrénaline.

## ON RELANCE UN PROCESSUS DE RAJEUNISSEMENT GÉNÉRALISÉ

On va diminuer le stress, responsable n°1 des processus de vieillissement – et le bénéfice va rejaillir sur l'ensemble de l'organisme : la promesse d'un corps et d'un visage régénérés. Les bienfaits sont aussi innombrables que les terminaisons nerveuses – sans contre-indication mais des précautions sont nécessaires si l'on attend un bébé (ou dans le cas de problèmes cardiaques ou d'épilepsie). Elle a des résultats spectaculaires et, même mal pratiquée, n'est pas dangereuse – au pire, une séance détend !

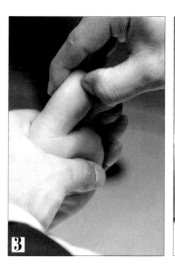

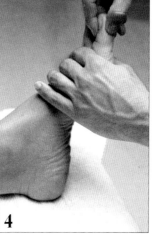

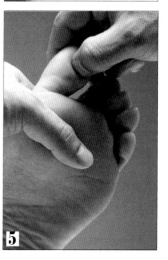

*Les "portes d'entrées" de la tête sont capables de s'en prendre aux maux.*

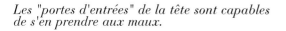

# Fondre...
## en douceur

*Rallumer le feu intérieur pour brûler la graisse –
comme on chauffe une pièce : des techniques
pour réactiver la flamme...*

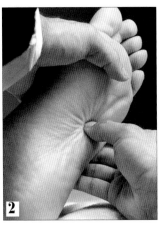

**1** **COMMENCER PAR LE PIED GAUCHE** où l'on va stimuler la relance de la "combustion" interne par une prise de main sur les points réflexes **estomac, duodénum et pancréas**.

**2** **STIMULATION DE LA RATE** entre le 4e et le 5e orteil, entre le diaphragme (à la pliure du pied) et la ligne de taille, l'os externe.

**3** **DE LA RATE**, on redescend pour stimuler le **PLEXUS HYPOGASTRIQUE** grâce à la technique des "petits cyclones".

**4** **ANTI-BALLONNEMENTS** le bon geste avec la bonne pression – au milieu de la ligne de talon, rendue visible par la différence de ton de la peau.

**5** **ASCENSION DU DRAGON** un geste qui part de la pointe du talon jusqu'au troisième orteil : on traverse le pied par son milieu dans un geste fluide en alternant pouce gauche et pouce droit pour remonter jusqu'aux orteils.

**6** **RELAXATION DES MALLÉOLES** : elle stimule les ganglions lymphatiques – ce qui soulage œdèmes, entorses et surcharge pondérale (sans y remédier, toutefois) : elle se pratique en commençant à la pointe du talon et en revenant au point de départ par des mouvements circulaires. **On recommence tout ensuite avec le pied droit (3 fois chaque en tout)**.

## L'AVIS DU RÉFLEXOLOGUE

3 à 4 séances pour accompagner un régime, faciliter transit et élimination.

**Pourquoi ça marche ?**

La nutrition a son influence, en fonction des saisons.
Une hygiène alimentaire et des gymnastiques à faire pour recharger l'énergie, tout cela fait partie de la prescription. Toucher les pieds renvoie à une sensibilité – et engendre une prise en mains de sa santé, une responsabilisation globale. Les pieds renvoient des messages au cerveau, comme des clignotants qui se déclenchent.

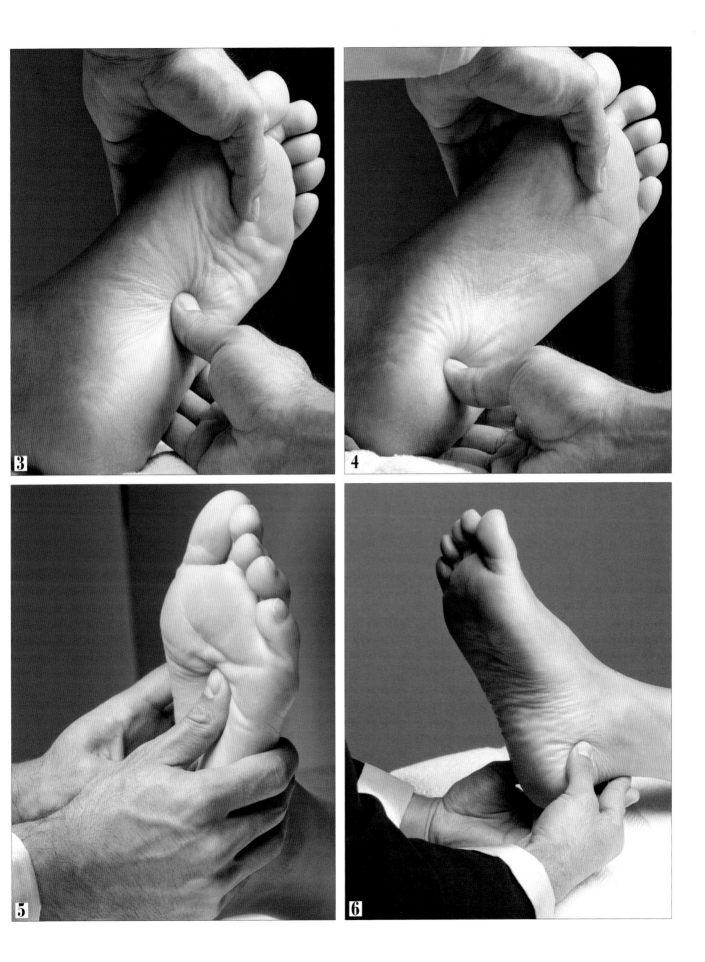

# ESPRIT HAMMAM

8

## Orient si proche

# Véronique Noual
## Les cent ciels

*Quelle évocation plus voluptueuse du bien-être que celle qu'incarnent les vapeurs parfumées d'un hammam, où l'on fait peau neuve dans une atmosphère raffinée, idéale pour gommer le quotidien? Véronique Noual a mis au point un très spectaculaire protocole de massage, inspiré du rituel traditionnel marocain.*

## "Rêverie à la marocaine,"
### s'abandonner en douceurs

Les soins de soi sont au centre de la culture marocaine, avec une attention à la peau, au corps, d'une incroyable gourmandise. **Un protocole de massage très enveloppant et très profond**, sur une rythmique toute en balancements – très apaisant, très maternant : la version adoucie et revisitée, dans une approche moins "musclée" du rituel traditionnel marocain – où les étirements sont parfois plus "radicaux". Contrairement à ce dernier, qui se fait à même le sol, on est dans une approche très confortable, sur lit de massage et matelas chauffant.

## La spécificité du rituel : l'imposition des mains se prolonge systématiquement par l'imposition de tout l'avant-bras, ce qui donne une sensation très  enveloppante. Le geste amplifié donne aussi le sentiment d'un étirement du temps. Et l'impression paradisiaque de flotter, sous le chassé-croisé des bras qui se relaient pour balayer toute trace de fatigue et de tensions.

C'est une question de peau – d'échange. Et de générosité. Dans une grande proximité, la masseuse, en position jambes fléchies qui lui donne mouvement et vitesse, opère de tout son corps un mouvement de balancier dont l'impulsion va communiquer de la force et donner la sensation d'être bercée par une vague. Le bercement sollicite le laisser-aller, le lâcher-prise – un massage très maternant, fort et doux à la fois, avec une intensité, une approche musculaire en profondeur propre à détoxifier.

Un massage dont la générosité se renforce des bienfaits légendaires de l'huile d'argan – complémentaire du hammam où l'on fait peau neuve au cours des rituels ancestraux de gommage au rassoul et au savon noir.

*Le premier geste, réchauffer dans ses mains le précieux liquide.*

# Côté pile : on respire le bonheur

*On commence toujours par les manœuvres sur le dos, en prenant le temps de trois inspirations et expirations successives pour évacuer les tensions accumulées... accompagnée du souffle de la masseuse.*

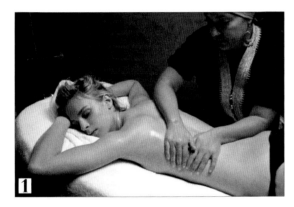

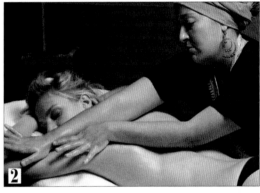

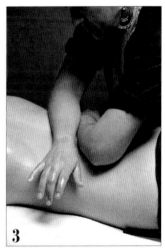

### HUILE ET JEUNESSE

Née de l'amandon de l'arganier, l'huile d'argan, une denrée précieuse à laquelle on découvre chaque jour de nouvelles vertus. Gorgée de propriétés antiradicalaires, débordante de vitamine E, l'or du Maroc est le fruit broyé d'un arbuste, qui fleurit entre Essaouira et Agadir, pour repousser le désert. Elle raffermit et assouplit, et sait étancher la soif des peaux les plus sèches.

**1** **DU BAS DU DOS,** on remonte dans un mouvement de lissage des trapèzes : c'est la prise de contact avec les mains et les avant-bras, qui redescendent par les flancs pour aller ensuite jusqu'à la voûte plantaire.

**2** **ENVELOPPEMENT DES TRAPÈZES** par les avant-bras en glissements alternés sur l'omoplate

**3** **CHASSÉ-CROISÉ DES BRAS** caractéristique sur le bas du dos, à la façon d'un battement d'ailes. Les mains montent le long du dos en se chassant l'une l'autre – on inspire quand le poids des mains part vers les flancs tandis que l'on chasse l'air des poumons au moment où la pression se fait plus présente.

# Jambes
## poids plume

*Relancer la circulation, faire fondre les tensions,
dénouer les lourdeurs… défatiguer, en un mot.
Même si les premiers gestes sont sensibles,
le deuxième temps est délicieux.*

**1** **LISSAGE DE DÉTENTE** les pouces glissent le long des malléoles pour détendre la voûte plantaire, passent sur le talon, on stimule et on apaise.

**2** **PAR UN MOUVEMENT DE BALANCEMENT,** les mains emboîtées remontent des malléoles jusqu'au muscle fessier, où elles se dissocient pour laisser les avant-bras prendre le contact dans des mouvements circulaires.

**3** **APPLICATION DOUCE** on se place, sans pression, au creux poplité (la pliure du genou) pour étirer la jambe jusqu'à la naissance de la fesse.

**4** **L'ÉTIREMENT DES ISCHIO-JAMBIERS,** muscles postérieurs de la cuisse par pression du coude sur les mollets en redescendant à la cheville – les mains prennent le relais en se calant, l'une sur le talon, l'autre sur le muscle fessier.

**5** **DÉTENTE DES MUSCLES JUMEAUX** On insiste sur les muscles des mollets pour évacuer les restes de tension.

**6** **JAMBE REPLIÉE** pour une détente parfaite, la jambe posée sur l'épaule de la masseuse, le muscle n'offre plus aucune résistance et va être oxygéné au maximum, puis sur le poignet. Tout l'arrière du mollet assoupli avec des pressions de 4 à 5 secondes.

**LA BONNE POSOLOGIE**
Durée : 1h30 de manœuvres alternées, pressions et étirements, pour décoller du quotidien. Une parenthèse, une vraie bulle anti-stress, à s'offrir idéalement une fois par mois. Même si l'on a un rythme frénétique, s'offrir une pause dans une journée chargée, en fermant les yeux et en lâchant prise, permet de se recharger pour quelques heures.

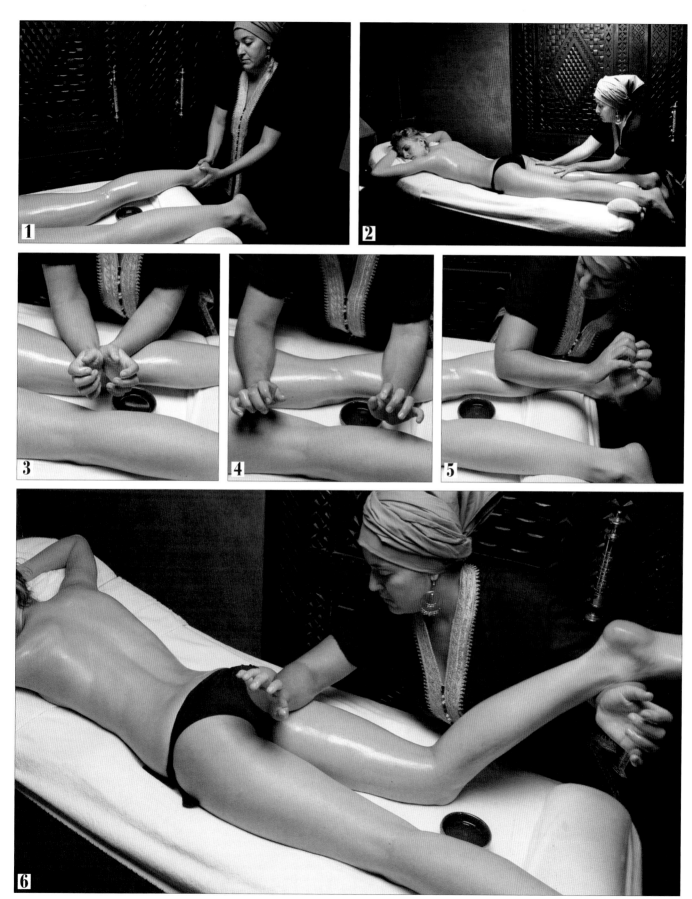

# Côté face
## répétition générale

*On parachève l'œuvre en faisant écho aux gestes*
*accomplis sur la face postérieure du corps,*
*on repasse derrière bien que l'on soit devant !*

### QUAND L'ÉMOTION PREND LE DESSUS

Des manœuvres qui apaisent mais qui peuvent aussi déclencher des réactions émotives fortes : dès que l'on approche des zones du ventre ou du plexus, la moindre blessure est sensible. Si les mains savent bien se poser, leur chaleur va apporter un apaisement réel et dénouer des tensions… voire déclencher des réactions libératrices. La main doit être rassurante, généreuse et la confiance indispensable : se laisser toucher le ventre, c'est comme ouvrir la porte de chez soi ! On est dans le don, et le réconfort.

**1 DÉTENTE DU MOLLET** comme pour le côté pile, on remonte des pieds pour laisser la jambe portée, en suspension, fluide et sans contraction.

**2 MODELAGE DU VENTRE** par pressions circulaires amples, partant des flancs vers l'abdomen pour apaiser, les mains toujours suivies par le prolongement du geste des avant-bras.

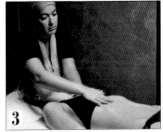

**3 DÉTENTE DU PLEXUS** les mains remontent du ventre au milieu de la poitrine en pressions douces, dessus dessous (cervicales, balancier épaules), bien à plat de chaque côté du diaphragme. Une zone chargée, tendue ou joyeuse, mais jamais anodine.

**4 BALAYAGE DE LA BASE DE L'ÉPAULE** en remontant le long des muscles du cou (sterno-cleido-mastoïdien) pour une détente absolue, en penchant la tête d'un côté puis de l'autre pour avoir toute l'amplitude. On va redescendre jusqu'à la main, que l'on va longuement manipuler, la paume, les doigts, en remontant ensuite passant par tout le trajet le long de l'avant-bras. On peut terminer en sens inverse et terminer en massant toute la main avec les pouces.

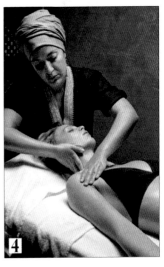

# Côté visage la touche finale

*En pressions très douces, mais d'une main très présente : c'est comme si l'on redécouvrait son propre visage, qu'on le sentait éclore.*

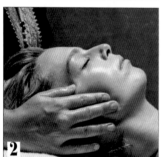

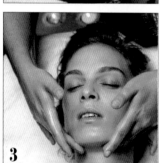

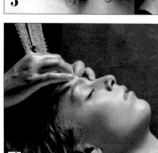

**1** **GRANDE PRIÈRE SUR LE VISAGE** un profond lissage où la saignée du coude se pose à la base du menton et les avant-bras remontent très lentement le long des joues, suivis des mains…

**2** **JUSQU'AUX TEMPES** pour finir par une pression des doigts du centre du visage, mains jointes posées sans appui sur l'arête du nez, qui glisse le long du visage jusqu'aux lobes. Au contraire des autres mouvements, où c'est la main qui est suivie par les avant-bras, là c'est l'inverse, la main donne le point final.

**3** **PRESSIONS SUR LE MENTON** on détend les maxillaires pour lisser l'ovale du visage et "desserrer" les mâchoires : bouche légèrement ouverte pour évacuer tout signe de nervosité.

**4** **DÉTENTE DU CONTOUR DE L'ŒIL** pression virgule alternées sur le front et l'inter-sourcillier (le troisième œil !), petit ballet du bout des doigts pour un effet anti rides.

**5** **DÉTENTE DU FRONT** pression sur la ride du lion et glissement jusqu'au cuir chevelu pour une envolée, un enveloppement total à base de pressions glissées et circulaires pour masser la totalité du crâne.

**TRANSFORMATION À VUE !**
C'est le moment où l'on abandonne les derniers bastions, si l'on était encore sur la réserve : une vraie relaxation profonde, c'est souvent le moment où l'on s'endort ! Au sortir de ce protocole, le visage change visiblement, au-delà de l'oxygénation et de l'huile qui va le nourrir en profondeur.

## Carole Berger
### Formatrice

*Une des meilleures spécialistes du lomilomi
en France, Carole, élève de Nancy Kahalewai,
a profité des enseignements des grands kumus
(maîtres) de la Big Island, où elle retourne
régulièrement. Elle fait découvrir aux Européens
ce massage si spécial et puissant.*

# Lomilomi
## une grande vague de bien-être

### UN ROULEAU «DÉCOMPRESSEUR»

Le Lomilomi, massage sacré, "loving hands massage", est né dans la croyance que tout ce qui existe sur terre est baigné dans des énergies qui ne cessent de circuler. Ces flux qui nous traversent sont dans l'idéal en harmonie et peuvent circuler en toute liberté. Selon la croyance hawaiienne (Huna), de nombreux facteurs peuvent venir perturber cet équilibre : les pensées négatives, une mauvaise alimentation… Le maître hawaiien mettra alors tout en œuvre pour le rétablir : diète, bains de vapeur, plantes médicinales et bien sûr massage. Les douleurs physiques, les gênes sourdes, la maladie sont, pour les Hawaiiens, le résultat d'émotions réprimées, d'une dysharmonie. Une pensée négative peut créer des tensions musculaires, une respiration courte qui n'apporte pas assez d'oxygène aux cellules… Le lomilomi aide le corps à retrouver un bien-être profond. Lorsque le stress et les tensions sont relâchés, la circulation du sang, de tous les fluides du corps sont redynamisés et peuvent, à nouveau, jouer un rôle essentiel dans l'élimination des toxines et des "négativités" de tout ordre. Si ce massage est si "nourrissant", enveloppant et efficace, c'est qu'il associe une profonde implication du masseur par son souffle et ses mouvement fluides, profonds et doux, dans le rythme des vagues. La plupart des mouvements s'effectuent «en poussée» en utilisant le poids du corps qui danse atour de la table de massage (ce qui protége aussi les forces et les mains du masseur).

*Un masseur lomilomi ne travaille jamais
contre le corps, en force, mais au contraire
l'écoute et va toujours dans son sens.
Démonstration en effleurage doux des avant-bras
et étirement des muscles du visage.*

# Aloha : l'énergie heureuse

*Le travail se fait essentiellement avec les avant-bras et les coudes en de longs mouvements fluides ou au contraire dans un travail en profondeur avec des pressions de coudes.*

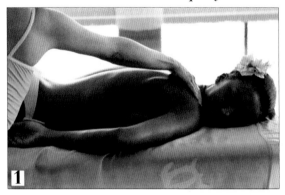

**1 VERS LA DÉTENTE** Différentes zones peuvent être travaillées en même temps, on en chauffe une en la malaxant, on la découvre, puis on va à la rencontre des tensions pour les libérer, "calmer" le flux d'énergies et reconnecter cette zone à l'ensemble du corps. Ici un stretch des cuisses et de l'arrière des jambes, qui libère simultanément les tensions l'épaule.

**2 ÉTIREMENT SUR TOUTE LA LIGNE LOMBAIRES ÉPAULE** en longs mouvements fluides des avant-bras.

**3 LE BATON DE LOMILOMI**, en bois de guava, l'automassage à l'hawaïenne ! Il suffit de trouver un point douloureux entre les omoplates, d'y appliquer la partie la plus courte du bâton et par un jeu de poids contrepoids, d'opérer un léger mouvement de va-et-vient en montant et descendant la partie la plus longue du bâton pour appuyer et relâcher, jusqu'à ce que la douleur s'estompe.

## L'AVIS DE L'EXPERT

L'intention juste est la clé du massage. Une réelle intention de donner, une connexion intérieure forte associée à une respiration douce et souple (le Ha) et des gestes appropriés permettront au masseur lomilomi de jouer son rôle de guide vers l'harmonie du corps et de l'esprit. C'est dans le respect, l'humilité et la compassion que son art peut s'exprimer. Le "aloha" l'esprit hawaiien : l'acceptation douce et tranquille de ce qui nous entoure, et la joie profonde de partager l'énergie de vie dans le moment présent.

# 6

Californie

et

Hawaii

## Sylvie Jouault
### Responsable des Soins

*Aimer les autres, c'est la base d'un métier
où l'on donne énormément – et qui repose sur
cette envie d'apporter quelque chose. Le regard
de la personne qui vient d'être massée, Sylvie
le savoure comme un cadeau. Visite guidée
de deux de ses techniques préférées, prodiguées
au Spark Soins Sport & Spa d'Enghien-les-Bains.*

# La politique du lisse and love

DES GESTES LENTS ET PROFONDS, DES MAINS QUI NE DOIVENT JAMAIS QUITTER LE CORPS : le protocole californien ou l'abandon élevé au rang des beaux arts, est le digne héritier des années soixante. L'esprit qui soufflait en plein Flower Power à Esalen, à Big Sur, tout à côté de San Francisco, privilégiait le sensitif, l'intuitif, pour revisiter le classique massage suédois.

Voluptueusement huilé, le corps nu est offert à une détente globale, sans parti-pris ni protocole strict : à l'écoute des ressentis, toute une philosophie de la prise de conscience de soi au travers de la reconquête de son schéma corporel.

LE CORPS DU DÉLICE : des mouvements lents et profonds, des manœuvres subtiles qui, de la pointe des pieds au cuir chevelu, passent en revue toutes les zones du corps.

# Le best-seller
## des relaxants

*Un inoubliable voyage au pays
des sensations.*

**1** **PRISE DE CONTACT** début du massage avec pressions latérales glissées pour échauffer les muscles.

**2** **LE GRAND HUIT** pressions glissées en spirale sur les omoplates.

**3** **GRAND ÉTIREMENT** latéral le long des omoplates.

**4** **ON CROISE LES DOIGTS** un étirement de la colonne vertébrale qui s'attache à détendre les petits muscles intervertébraux.

**5** **POUCES, JE PRESSE** les points de pression le long de la colonne.

**6** **LE POIVRIER** le geste clé pour achever de dénouer les tensions. Des pincements doux sur la bosse de bison (le haut du dos): un must en relaxation.

**ATOUT JAMBES**

**7 & 8** pressions latérales glissées, insistant sur les chevilles et les genoux.

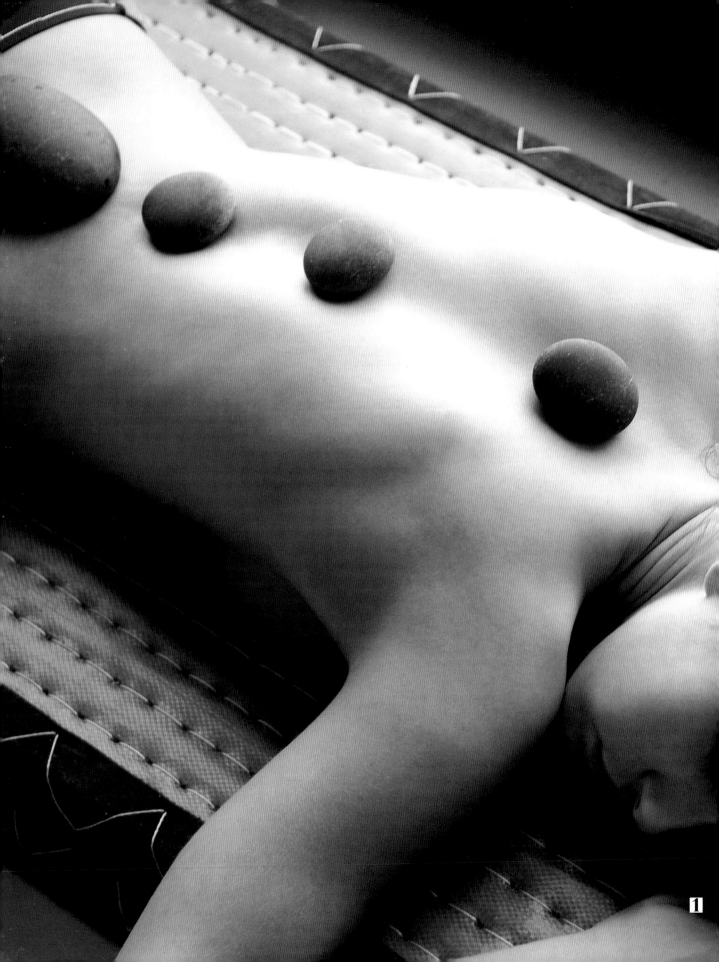

# MODELAGE AUX PIERRES CHAUDES

## Galets
### délice royal

*Le basalte doucement tiédi au bain-marie :
c'est le point clé du modelage aux pierres chaudes
descendues en droite ligne des volcans hawaïens.*

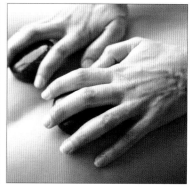

**1 LES POINTS CRUCIAUX** En partant du haut : la première pierre pèse sur le point qui va innerver la région scapulo-humérale (épaules et bras), la deuxième va décongestionner les voies respiratoires et alléger la pression thoracique, la troisième détendre la sangle abdominale et la quatrième, posée sur les lombaires, le sciatique et le nerf de la queue de cheval.

**2 UN MODÈLE DE MODELAGE** huilés et manipulés avec art, les galets se muent en extraordinaires auxiliaires de massage.

**L'AVIS DE L'EXPERT**

Prodigué à même la peau nue, disposés sur les trajets des méridiens, les galets polis récoltés à Hawaii ont la propriété de maintenir la chaleur. Les bénéfices de l'effet sauna s'ajoutent à la détente musculaire.

10

belle
. et
. bien

# Sylvie Lapierre
## Kinésithérapeute

*Appliquer les techniques de la kinésithérapie à la jeunesse du visage, c'est tout le propos de la kinéplastie, une approche que Sylvie Lapierre-Cocquerel développe pour nous grâce à son expertise dans les traitements biomécaniques de la face.*

# "Sur mesure... et sans couture"

## PROTOCOLE MODÈLE POUR LE PLUS FIN DES TISSUS...

La peau du visage! Le massage de la face a pour vocation de répondre aux nécessités morphologiques et biologiques de cette région, plus que tout autre exposée aux agressions externes: vent, froid, soleil, humidité. Modeler et transformer les tissus, normaliser leurs fonctions physiologiques, voilà quels sont les buts de cette technique.

Le protocole consiste en un ensemble de manipulations, délicates, nuancées, destinées à stimuler la circulation sanguine et lymphatique, à régulariser le fonctionnement des glandes sébacées, à assouplir la peau et à modifier la consistance des tissus tant cutanés que musculaires.

**ON PARLE DE KINÉPLASTIE: MODELER (PLASTES) PAR LE MOUVEMENT (KINÉS).** Elle s'applique plus particulièrement à la peau de la face et du cou, présentant une anatomie et une physiologie très différentes des autres parties du corps. Non seulement parce qu'il est le plus fin des tissus – mais aussi parce que le visage, premier contact avec autrui, est aussi le premier à porter les caractères du vieillissement. La peau, constituée de ses trois éléments, épiderme, derme et hypoderme, est un tissu en perpétuels remaniement et renouvellement.

**LE DERME ET LA RIDE**

Le derme confère à la peau sa consistance, sa fermeté, sa résistance, mais détermine aussi les imperfections qui se produisent avec l'âge. C'est l'altération de ses constituants qui fait apparaître vergetures ou rides, qui peuvent être assimilés à des fractures du tissu conjonctif.

# Antirides
## de haut niveau

*L'étirement orthodermique entraîne une diminution de la ride en agissant sur sa profondeur. La traction latérale opérée sur les bords favorise le soulèvement du creux pour une "remise à niveau".*

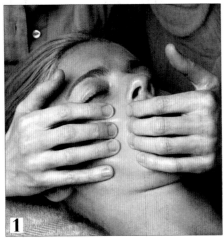 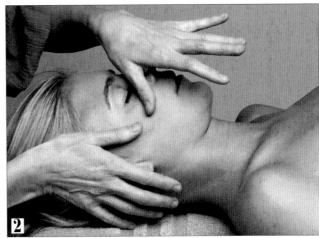

**1** **"DÉCREUSER" LE SILLON NASOGÉNIEN** on étire pour lisser et stimuler l'activité fibroplastique.

**2** **PAS DE PATTE D'OIE** mode d'emploi: on défroisse en douceur

**3** **LA RIDE DU LION: ON FAIT FRONT!** Quelle que soit la zone concernée, une "remise à niveau" qui diminue les rides. En complément des crèmes cosmétiques qui s'appliquent sur l'épiderme, ces techniques stimulent l'hypoderme, le tissu de soutien de la peau. Le fibroblaste est la cellule élémentaire dont dépend toute la structure du derme. Il secrète les protéines fibreuses – collagène, réticuline et élastine. L'élasticité de la peau détermine l'évolution des symptômes du vieillissement. Tant que le derme est élastique, la peau ne parchemine pas.

**L'AVIS DE L'EXPERT: LA BONNE FRÉQUENCE** Sur une base d'une douzaine de séances de 20 mn, deux fois par semaine le premier mois, puis une fois par semaine et tous les quinze jours en entretien.

# Antirelâche:
## la fibre en éveil

*Tonifiante, la stimulation mécanique apportée
par le massage favorise l'activité des fibroblastes,
en augmentant la production de collagène et d'élastine.*

 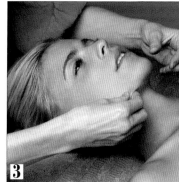 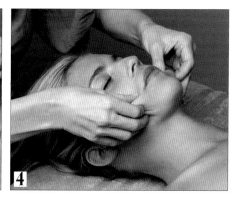

**1 PARFAIRE L'OVALE DU VISAGE** le modelage va stimuler l'activité fibroblastique.

**2 LE PINCER** se réalise avec l'extrémité des cinq doigts ; les pressions, pour être efficaces, se font dans l'épaisseur de la peau et doivent être le plus brèves possible. Les **TAPOTEMENTS** ont aussi un effet spectaculaire sur la microcirculation.

**3 LE PALPER-ROULER** est une technique remodelante du tissu conjonctif, qui lutte contre le relâchement tissulaire par son action stimulante – avec le vieillissement, le visage a tendance a s'affaisser.

**L'AVIS DE L'EXPERT**
**LE TEINT ET LA CIRCULATION**
L'éclat est très lié à la microcirculation sous jacente. Le modelage du visage, par ses manipulations multiples, crée des excitations sélectives, permettant de contrôler la circulation sanguine et de tonifier les tissus.

# Détente expresse

*Les tensions des muscles de la face fixent les rides dites "d'expression", sur lesquelles on peut agir par le massage "décontracturant"!*

## Relâcher la pression…

Pressions ponctiformes, simples pressions sur des points, simples à réaliser (on appuie et on tourne), relèvent en fait d'une cartographie précise. Elles agissent sur le plan musculaire profond et sont particulièrement efficaces sur la musculature du visage : muscles "canins", élévateurs de l'angle de la bouche(1) et, en opposition, le triangulaire des lèvres, du maxillaire à la commissure des lèvres, qui fait faire la moue (2) mais aussi muscle frontal (3).

**L'AVIS DU DR PHILIPPE BLANCHEMAISON**
Quelle logique y a-t-il à, d'une part, instiller du Botox® qui relâche la musculature du visage et de l'autre, promouvoir des gymnastiques faciales qui aident à le muscler ?
Il faut faire le tri entre les muscles qui "ouvrent" le visage et ceux qui le ferment et qui, quand ils se contractent, ont tendance à plisser et à le rider.
Par exemple, les muscles autour des orbites devraient être associés à des gestes de massages et être détendus. Les muscler ne ferait qu'aggraver les rides.

## Une si belle expression…

La tension des muscles masséters et temporaux, marqueurs de l'expression, est responsable de migraines et de douleurs, devant ou au fond de l'oreille comme dans une otite. Une tension maintenue longtemps par trop de stress (lorsque l'on serre les dents) peut modifier la forme du visage en élargissant sa base. Ces techniques de massage décontracturantes affinent le visage et donnent même l'impression que l'on a perdu du poids alors qu'en réalité, le visage est juste moins carré. On agit sur les masséters : les muscles de la mastication (4) et les temporo-mandibulaires (5).

VISA VISAGE : UN MASSAGE TRIPLE ACTION :

• Contre la peau relâchée (fibroblaste et collagène).

• Contre l'adipocyte : le bas du visage empâté, tandis que le haut se creuse.

• Contre le teint terne – stimuler l'afflux sanguin (la cosmétique vasculaire est essentielle).

La stimulation lymphatique elle, aura un rôle anti-cernes, cernes et poches étant en effet gouvernés par les ganglions lymphatiques.

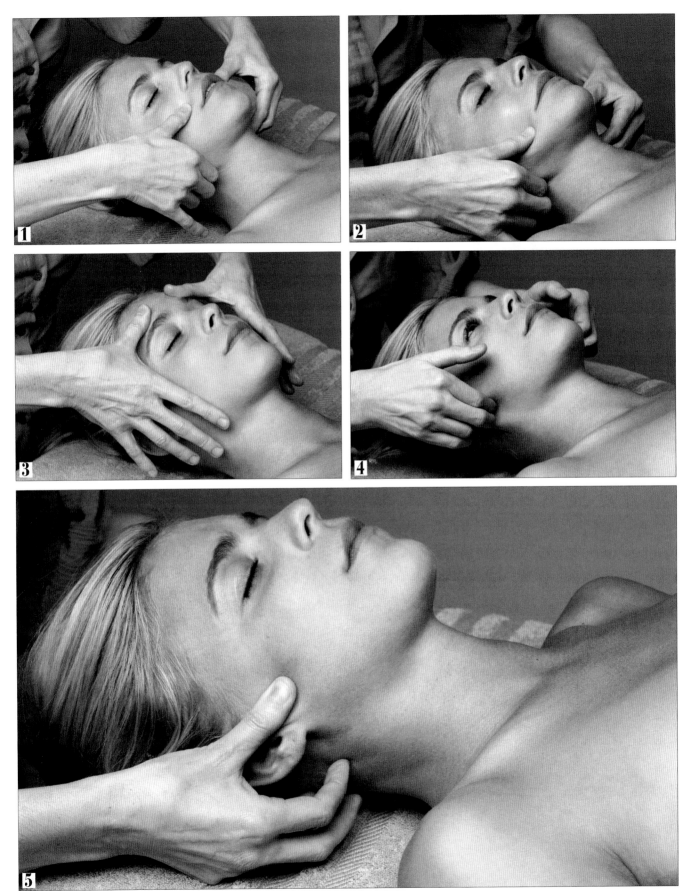

# Automassage
## effet miroir

*Prendre en main la beauté de sa peau…*
*ça ne passe pas que par le cosmétique.*
*Voici comment mettre la complémentarité au menu !*

### L'AVIS DU DR GÉRARD REDZINIAK

Le massage a un rôle clé dans l'activation des produits cosmétiques par vaso-dilatation naturelle : il permet une meilleure biodisponibilité pour parler aux 2000 milliards de cellules de la peau, des ascenseurs moléculaires qui vont aller jusqu'au cœur des cellules. Aromathérapie et dermo-cosmétologie feront bien mieux leur œuvre.

**MISE EN BEAUTÉ** Installation devant le miroir, à réaliser cinq minutes tous les soirs sur une peau propre en utilisant sa crème de nuit : toutes les études prouvent que l'action conjuguée des bons gestes et des produits ciblés donne des résultats spectaculaires.

Traction latérale en profondeur de part et d'autre des berges du sillon nasogénien (1) et de la ride du lion (4). Pressions punctiformes sur les articulations temporo-mandibulaires (2) et le muscle triangulaire des lèvres (3).

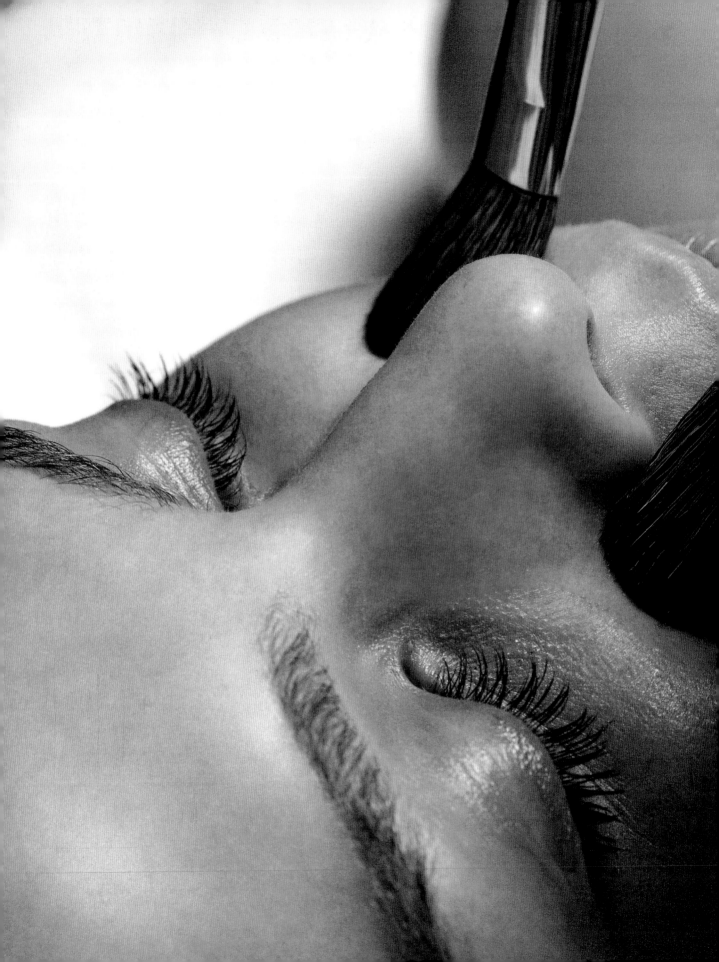

## Valérie Schell
### bio-esthéticienne

*Gestes fluides symbolisés par la finesse
des pinceaux qui opèrent des mouvements subtils,
approche rythmique du toucher, ce soin
très spécifique stimule les fonctions cutanées,
en respectant les rythmes naturels.
La bioesthétique défendue par la philosophie du
Dr. Hauschka revendique une pratique "vivante".*

# "L'harmonie
## l'art à fleur de peau"

## PAR LA GRÂCE DE LA FLUIDITÉ...

Un soin régénérant, équilibrant et apaisant qui agit sur les processus fluides, au cœur du tissu conjonctif – dans une profonde détente.

Une stimulation rythmique et énergétique imaginée par Élisabeth Sigmund – où l'on préserve un état privilégié en amenant de la chaleur par des mouvements rythmiques.

Un modelage corporel qui réharmonise l'être dans sa globalité, avec des gestes non appuyés, très doux, très enveloppants, censés travailler sur le corps éthéré.

Tripartition de la plante, de la peau et de l'être, les résonances se font entre produits et soin.

Le bon rythme ne fatigue pas, on est dans un échange, un respect profond de l'être humain, en apportant des alternances.

Mouvements circulaires où l'on met la pression en élargissant le geste ou en le recentrant.

La peau du visage est fragile – la stimulation lymphatique permet une approche subtile.

Un toucher "respirant", qui est effectué sans opérer de pression, le contact avec la peau s'opère dans une grande intimité et dans une véritable écoute. Bien au chaud dans un cocon, on se sent allégée, dans un équilibre, dans un flux vivifiant : une sensation lumineuse de plénitude.

*\* Bio esthétique Dr. Hauschka chez Anthyllide.*

# UN PROTOCOLE TRÈS AUX POINTS

**L'HARMONISATION DES PÔLES :** RYTHMIQUE, SENSORIEL ET MÉTABOLIQUE 1. **Le début de la stimulation : la lymphe se mobilise. Le pompage,** à base de mouvements rythmiques et circulaires, va emporter la lymphe dans la zone sus claviculaire. 2. **Le bien à la racine.** En partant de l'arcade sourcillière, le lissage des sourcils allège en partie la zone neuro-sensorielle. 3. **Les pyramides** qui vont emporter le reste de tensions, bien au-delà du cuir chevelu et de la pointe des cheveux.

## L'art de l'effleurage…

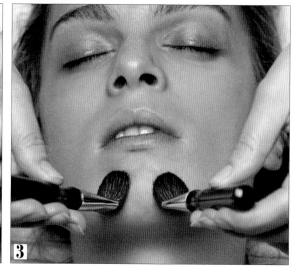

**LE PETIT BALLET DES PINCEAUX : UNE SEULE PARTITION, LA TRIPARTITION !**
1. **Prise de contact** Un très apaisant lissage du front… 2. **Au coin des yeux,** le processus rythmique (émotion, respiration…) va être sollicité en douceur et aussitôt mis en mouvement. 3. **Au creux du menton,** la zone métabolique moteur activée par l'effleurage, on sollicite la lymphe.
**La tripartition** de la peau et de l'être humain en général est, dans l'aproche bio esthétique, Dr. Hauschka, une manière de mettre en lumière l'origine organique d'un problème de peau.

# Candice Levy
## naturopathe

*Candice Levy et Claudia Vigier pratiquent la naturopathie, une approche qui vise à rééquilibrer naturellement l'organisme via, entre autres, la phytothérapie, l'aromathérapie et le massage. Elles conseillent aussi les femmes dans un institut entièrement consacré à la beauté bio, Anthyllide.*

# "Les huiles essentielles par nature

## LES HUILES DE BEAUTÉ, UNE BELLE SANTÉ !

En naturopathie, différents types de massages s'inscrivent dans les cures selon l'effet recherché. Dans la cure de **détoxination**, un massage tonique favorise les fonctions de nettoyage, de drainage, d'élimination. Au contraire, lorsque l'organisme a besoin de **revitalisation**, on fait appel à des protocoles relaxants : le lâcher-prise permet, si l'on est trop cérébrale, de se remettre en contact avec son corps et retrouver ses fonctions vitales. La **cure de stabilisation**, elle, vise à maintenir l'organisme au top dans ses fonctions de régénération, à favoriser le système immunitaire, pour parvenir à l'**homéostasie, équilibre de toute les fonctions vitales** - Ph, vitamines, électrolytes. Elle accompagne d'autres cures, dont elle prolonge les effets.

**LES HUILES ESSENTIELLES SONT DES PRODUITS ACTIFS, LEUR UTILISATION NE PEUT SE FAIRE SANS UNE CONNAISSANCE TRÈS STRICTE DE LA PROPRIÉTÉ DE CHACUNE ET D'UN DOSAGE TRÈS PRÉCIS.**

• pour un **massage du corps**, jamais au-delà de 5 % de concentration du mélange (sauf avec des huiles très douces, comme la lavande, avec laquelle on peut aller jusqu'à 10 %).

• pour le **visage**, huile douce et dilution infime (1 à 2 % maximum, 1 goutte dans la crème de jour, c'est trop). Certaines, comme la cannelle, très dermo-caustique, seront limitées à 2 % et uniquement sur des zones ciblées. Eucalyptus et menthe dans le bain, on oublie : on en ressort gelée !

L'huile essentielle doit être choisie sur les mêmes critères que celles que l'on consomme : bio si possible, elle doit être comestible pour le corps. Pour une préparation au top, le secret est de la faire légèrement tiédir.

LE DOSAGE. À respecter impérativement ! Elles sont très puissantes, c'est inutile (voire dangereux) d'en mettre davantage. Une cuillère à café = 5 ml = 100 gouttes d'huile végétale. Donc on met une goutte d'huile essentielle pour une dilution à 1 %.
• Pour un flacon de 5 ml : 1 à 2 gouttes.
• Pour un flacon de 100 ml : 20 gouttes.

CRITÈRES DE CHOIX
• La mention 100 % pure et naturelle
• Le nom latin
• Le chémotype (principe actif essentiel)
• La mention "bio" ou "biodynamique"
• La provenance
• Le mode de distillation : à la vapeur douce ou par expression du zeste pour les agrumes
PRÉCAUTIONS D'EMPLOI
• Ne jamais les utiliser pures.
• Ne jamais appliquer dans les oreilles ou les yeux.
• Garder toujours hors de la portée des enfants.

**POUR PRÉPARER SON FLACON D'HUILE DE MASSAGE**, en verre teinté pour une meilleure conservation, on dilue l'huile pure dans une huile végétale neutre, choisie si son principe actif renforce les effets ou pour sa texture :
• **Amande douce** bon support mais un peu épaisse, pas toujours assez fluide pour le massage • **Macadamia** (stimulation lymphatique, circulation) • **Calophyllum** pour la circulation sanguine • **Jojoba** huile fine • **Sésame** reine de l'ayurveda, très fluide, elle pénètre très bien ; c'est une bonne base, qui régénère l'épiderme, assouplit la peau. En usage interne, elle est anticholestérol et reminéralisante. Idéale pour le corps et les cheveux, elle ne laisse pas de film gras • **Argan** huile précieuse, plus particulièrement destinée au visage, raffermit et assouplit les peaux les plus sèches.

**LE RÔLE DU NATUROPATHE** est d'évaluer le niveau de vitalité afin d'adapter son traitement. C'est absurde d'aller chercher son radis noir pour faire sa détox sans avoir vu un thérapeute auparavant : si l'on est trop fatiguée, il faut d'abord passer par la case revitalisation, sinon on risque de se déminéraliser et d'épuiser l'organisme.
**Futures mamans** Seule la lavande officinale est autorisée dans les trois premiers mois de grossesse. Par la suite, les huiles utilisées pour bien dormir lors de sa grossesse auront un très bon effet sur le bébé (lavande, angélique, camomille).

### À VUE DE NEZ : LE BON CHOIX POUR MOI !

Une fois l'indication identifiée, le choix d'une huile est très personnel. Entre des huiles aux mêmes propriétés, choisissez celle qui vous plait le plus. Il importe de bien les respirer, pour se sentir en affinité. Une odeur doit être associée à un bon souvenir. Un mélange ne produira pas forcément plus d'effet, mais certaines synergies sont intéressantes.

### LA CURE ANTIRADICALAIRE

Anti-âge par excellence, elles participent à la régénération de la peau et des tissus • **Géranium Bourbon** • **Palmarosa** • **Bois de rose** • **Carotte** (contre les taches de pigmentation) • **Citron** mais attention, elle est photosensibilisante : aucune exposition au soleil !

## LA CURE DE REVITALISATION

Elle redonne du tonus – en favorisant un meilleur sommeil. Certaines huiles aident à recharger les batteries, en friction au niveau de la plante des pieds et des glandes surrénales. L'idéal est de les recharger à la fin de l'hiver, au moment de l'année où elles travaillent le plus : quand on part plus de deux semaines au soleil pendant l'hiver, les surrénales se croient en été et ne protègent plus du rhume !

• **Pin sylvestre** • **Epinette noire** • **Pruche du Canada**

## LA CURE DE DÉTOXIFICATION

Spécial détox, des massages toniques et puissants (réflexologie plantaire, thaïlandais, drainage lymphatique, palper-rouler…) : drainage des émonctoires, élimination, on va faire transpirer et "travailler" davantage les organes, d'autant plus efficacement en appliquant sur des points spécifiques.

Elles soulagent le foie : • **Romarin** • **Romarin à verbénone** • **Citron.**

Elles agissent sur l'élimination rénale : • **Genévrier** • **Bouleau pubescent.**

**Rituel maison** : On prépare la peau au gant de crin ou à la brosse (à sec), pour stimuler la circulation sanguine par vasodilatation et à favoriser la pénétration. Puis, douche et application des huiles.

## LA CURE DE RELAXATION

En cas de stress psychique, ces huiles aident à relâcher le cortex et à retrouver ses fonctions vitales grâce au lâcher-prise.

• **Ylang-ylang** (pour se reconnecter à sa féminité) • **Lavande officinale** • **Orange douce** • **Bois de rose** • **Marjolaine** • **Géranium bourbon** • **Bergamote** • **Camomille (magnifique)** • **Angélique** • **Sésame** • **Verveine citronnelle** • **Palmarosa**. Elles ont des vertus antispasmodiques, antistress et anti-insomnies.

• **Santal** • **Jasmin** • **Rose**. Elles travaillent sur les mêmes fonctions (féminité, relaxation) mais sont extrêmement chères. Très chaudes, enveloppantes, avec effet « cocooning », elles peuvent être remplacées par

• **Millepertuis** (chaleur) • **Avocat** (très enveloppante) • **Germe de blé** (attention aux taches).

## LA CURE DE STABILISATION : AU TOP DE L'ÉQUILIBRE

L'idée est de maintenir l'organisme au top de ses fonctions, d'ouvrir tous les chakras et donc de travailler sur tous les organes (homéostasie : équilibre parfait dans tous les éléments).

Les huiles multi-actions (mais vous pouvez utiliser votre huile fétiche, celle qui vous ressemble) :

• **Laurier** • **Cardamome** • **Orange douce** (qui calme les pulsions sucrées) • **Gingembre**. Harmonisantes, elles travaillent sur différentes sphères au gré des besoins ponctuels (mains, visage ou tête). Des gestes anti spasmes, au niveau de la vésicule biliaire ou du plexus, vont aider au transit et dénouer l'estomac : • **Estragon** • **Basilic tropical**.

# Crédits

**KINÉ MASSAGE SUÉDOIS** Merci à Marie-Odile Livorin, au docteur Jacques Rodineau et à Éric Brenac.
*Yasmine:* bas de maillot de bain **Erès**. *Louise:* maillot deux pièces beige **Bronzette**, maillot deux pièces blanc **D Nu D**, débardeur et culotte en coton **American Vintage**. Drap de bain bleu: **Descamps**. *Yasmine:* débardeur **American Vintage**, Bas de maillot **Naelie**.

**BIOKINERGIE** Merci à Michel Lidoreau, à Marc Massoteau et à François Roulet. Renseignements: **www.biokinergie.com**
*Louise:* maillot **Andres Sarda**, Drap de bain **Armani Casa**.

**MASSAGE AYURVÉDIQUE** Merci aux Centres Tapovan de Paris et de Normandie, à Kiran et Pankaj Vyas, Sandrine Le Masson et Florence Prudhon. Renseignements: **www.tapovan.com. fr** *Louise:* débardeurs **Majestic** et **American Vintage**, culotte **Petit Bateau**. Drap de bain **Ralph Lauren Home**.

**SHIATSU ET ANMA** Merci à Michel Odoul et Bertrand Caillet. Institut français de shiatsu, 106 rue Monge, 75005 Paris. Renseignements: **www.shiatsu-institut.fr**. Maillot de bain **D Nu D**. Paravent et tapis: **La Redoute**. Bouddha et plateau laqué: **La Sensitive**.

**THAÏ, CORÉE CHINE** Merci à Éric Coiho Bah et à l'équipe de **Maxam** 34 bis, rue Vignon 75009 Paris. Renseignements: **www.maxam.cc**

**RÉFLEXOLOGIE** Merci à David et à Laurent Tran, 82, bd Malesherbes 75008 Paris. Renseignements: **trand@club-internet.fr**. *Maéva:* débardeur **American Vintage**, maillot **Naelie**.

**ESPRIT HAMMAM** Merci à Véronique Naoual et à Les cent ciels. Un lieu magique, intemporel, qui résume sur 900 m² toutes les délices du Hammam dans un palais oriental qui s'ouvre comme une parenthèse enchantée à un jet de tapis volant de la capitale. 45, avenue Édouard Vaillant 92100 Boulogne. Renseignements: **www.hammam-lescentciels.com**. *Emma:* maillot **Eres**.

**ESPRIT SPA** Merci à Sylvie Jouau et à l'équipe du Spark Soins, Spa & Spa Lucien Barrière à Enghien les Bains: (p.31 à 58, p.72 à 85) u luxueux havre de sérénité aux portes c Paris, édifié sur le site d'origine des Therme d'Enghien-les-Bains sur 3 500 m² (piscir à débordement, salle de fitness, card training, hammam, sauna…) et qui dispos du plus grand nombre de cabines de soir en France. En lumière naturelle, avec vu sur le lac et autre rareté, des protocoles c 2 h 30! 87 rue du Général de Gaulle 958 Enghien-Les-Bains. Renseignement: **www.lucienbarriere.com**.

**HAWAÏEN LOMILOMI** Merci à Carole Berger. *Yasmine:* bas c maillot **Eres**.

**MASSAGE CALIFORNIEN ET PIERRES CHAUDES** *Louise:* culotte coton **Calvin Klein**. *Maud:* maillot **Andres Sarda**.

**VISA VISAGE: BELLE ET BIEN** Merci à Sylvie Lapierr Cocquerel et à Ari Darmon
*Louise:* maillot deux pièces **Princesse Tam-Tam**. *Sylvie:* chemise en cot **Liu·Jo**. Drap de bain **Ralph Lauren Home**.

**ESSENTIELLES PAR NATURE** Merci à l'équipe d'Anthyllid à Valérie Schell, à Candice Levy et Claudia Vigi 28, rue du Pont Louis Philippe 75004 Paris. Renseignements: **www.anthyllide.com**

## MASSAGE PAR **marie claire**
Direction d'édition: Thierry Lamarre
Concept, interviews et réalisation éditoriale: Josette Milgram
Photographies: Guillaume Reynaud, assisté de Emmanuel de Jorma
Stylisme: Laure Deren, assistée de Kalama M'Bele
Maquillage, coiffure: Delphine et Peggy Valor/Agence Mod's Hair & Make Up
Réalisation graphique: Either Studio
Couverture: Nicolas Valoteau
Secrétariat de rédaction: Julie Bavant
Assistante d'édition: Adeline Lobut

## LE MAGAZINE **marie claire**
Direction: Jean-Paul Lubot
Directrice de la rédaction: Tina Kieffer
Rédactrice en chef Beauté Forme Santé: Ariane Goldet
Rédactrice en chef adjointe Création Beauté Forme: Laure Deren
Directeur artistique Mode Beauté: Philippe Gruson

## Éditions **marie claire/IIII**
publiées par Société d'Information et de Créations SIC, une société de Marie Claire Album SA
10, bd des Frères Voisin 92792 Issy-Les-Moulineaux CEDEX 9 – France
Tél.: 01 41 46 88 88
R.C.S. Nanterre 302 114 509 R.C.S. Nanterre
SARL au capital de 3 822 000 euros
© 2009, Éditions Marie Claire – Société d'Information et de Créations – SIC
N° ISBN: 978-2-84831-165-4 N° éditeur: 38369
Imprimé par G. Canale & C., Turin (Italie)
Dépôt légal: 3e trimestre 2009
www.editionsmarieclaire.com

**MARIE CLAIRE ALBUM SA**
Directeur général: Arnaud de Contades
Président: Évelyne Prouvost-Berry